LIENS NOMADES

www.editionsdemidi.fr

ISBN 979-10-90138-04-9

Renaud Blondel

LIENS NOMADES

Éditions de Midi

Qu'est-ce que je fais là ? Le noir, le froid, l'humidité et la désolation que l'on devine régner ici, donnent raison au chauffeur qui m'a débarqué sur ce carrefour perdu, aux confins de la campagne argentine.

– Tu es sûr de vouloir descendre ici, maintenant, en pleine nuit ? S'était enquis le routier étonné. Il n'y a effectivement pas âme qui vive ici. Seule une lueur blafarde, au loin, émerge d'un oppressant gouffre d'obscurité. Mais il y a plus inquiétant... Denis n'est pas au rendez-vous. Peut-être aura-t-il gagné cette bâtisse a priori abandonnée dont la silhouette se dessine péniblement ? Il a embarqué avec lui notre unique lampe torche. Je ne vois rien et ignore tout de l'environnement qui m'entoure. Le bruit d'une lourde gadoue rythme mon pas hésitant.

– Denis ? Denis ? Mes murmures restent sans réponse. Tout indique qu'il a dérogé à la première règle d'or qui vaille quand on prétend partir à l'aventure : s'en tenir au rendez-vous quoi qu'il arrive !

Ça promet. Car l'aventure en question ne fait que démarrer. Il faut dire que notre démarche était quelque peu naïve. Arrivés ce matin même à Buenos Aires, nous avons tenté par tous les moyens de rejoindre la province de Mission en stop. Aussi avons-nous jugé astucieux d'arpenter une zone industrielle proche du mythique quartier de la Bocca, en quête d'éventuels transporteurs de fret en partance pour le nord. Nous avons fini par trouver des camions de poulets prêts à quitter la capitale, à nous conduire aux abords de Concepción Del Uruguay à quelque 400 kilomètres. Si l'apprentissage de l'allemand dès la sixième facilite en théorie l'accès à des classes d'élites, que nos parents sachent qu'il contrarie en revanche l'accès au Nord de l'Argentine par camions de poulets. Nos interlocuteurs ne parlent pas l'anglais. Notre espagnol se résume aux essentiels « combien ça coûte » et « où sont les toilettes ? ». La gestuelle et un charabia ni français, ni espagnol nous a permis de comprendre le plus important. Les chauffeurs nous ont fait savoir que notre chargement, outre l'embonpoint de Denis, nous contraindrait à emprunter des véhicules différents, supposés se suivre. Avant de monter à bord de nos camions respectifs, nous avons pris soin de marquer d'une croix sur la carte routière l'endroit où nous souhaitions être déposés et où nous allions nous retrouver. Denis, le premier a pris le départ. Quant à moi, alors même que j'installais mon barda dans la cabine, j'apprenais que mon chauffeur préférait renoncer à m'emmener, invoquant je ne sais quelle législation sur les auto-stoppeurs. Impossible de le résoudre à changer d'avis. Ce « maudit » s'est tiré à mon nez et à ma barbe sans se soucier une seule seconde du pétrin dans lequel il pouvait nous jeter. Il s'était pourtant engagé à m'embarquer ! J'ai bien fini par trouver un autre camion, mais bien plus tard dans la journée. Denis était certainement arrivé à ce fameux carrefour une dizaine d'heures avant moi. Je comprends qu'il ait eu des doutes sur la fiabilité de cette petite croix, dérisoire sur cette carte sommaire. Peut-être même avait-il vu passer sans s'arrêter mon camion, ou plutôt celui qui devait m'acheminer jusqu'au rendez-vous. Voilà comment on se retrouve démuni à 13 000 kilomètres de Paris, dans une situation que je sens très inconfortable. Quiconque un tantinet rationnel, un temps soit peu prévoyant, tout simplement responsable, aurait réparti les richesses entre compagnons de voyage. Pressés de prendre la route, nous n'avons pris aucune précaution particulière. À mesure que je déplore les faits, je jauge les poches de mon pantalon, puis celles de mon sac à dos. Notre seule carte bancaire, c'est Denis qui l'a. Nos travelers chèques, Denis aussi. Le cliquetis de ma monnaie ne suffit pas à me rassurer. Je n'ai pas même de quoi téléphoner. Bordel, où peut-il bien être ? Après quelques heures d'attente, je me décide à rejoindre ce que je présume être Concepción. Les lumières de la ville sont un repère salutaire. S'agit-il d'une bourgade vue de près ou d'une véritable agglomération vue de loin ? Qu'importe, la marche, même si elle devait durer, aura le mérite de me réchauffer. Malheureusement, l'obscurité rend très vite l'initiative illusoire. Elle est si dense, si profonde que le tracé de la route est difficile à suivre. La pluie met définitivement fin au caractère idyllique, enchanteur, de ce début de périple. Dire qu'à Paris, les copains envient notre voyage, nous imaginant, clichés obligent, au soleil, entourés de créatures de rêve (les sud-américaines sont bien évidemment le premier plan du cliché !). Au lieu de ça, je suis paumé au milieu de nulle part, dans un froid pénétrant, à me demander comment retrouver cet âne de Denis. Quand je le reverrai, je lui sauterai au cou ou je lui foutrai mon poing dans la figure. Enfin une voiture vient distraire ma contrariété. À quoi bon s'évertuer à marcher dans cette cambrousse ? Autant l'arrêter. Résolu, je me positionne franchement au milieu de la route. Les phares indiquent qu'une longue ligne droite sécurise à peu près ma démarche. Le véhicule semble ne pas arriver vite. Le conducteur s'arrête devant ce qui doit lui apparaître comme une rencontre du troisième type. A-t-il seulement déjà vu un touriste dans ce coin paumé ? Sympa, ou peut-être un peu apitoyé, il me conduit sur la place centrale de Concepción, petite ville sans charme particulier mais apaisante, rassurante. Si Denis est ici, je dois pouvoir le retrouver.

La stratégie consiste à visiter les endroits auxquels tout homme dans notre situation pourrait penser se rendre : l'église (réflexe judéo-chrétien, je dis bien « réflexe » tant mes convictions les plus intimes se sont évaporées), la mairie ou la gare routière. Si Denis n'a pas eu le bon sens de rester au lieu de rendez-vous convenu, j'espère qu'il aura celui de se trouver un refuge logique, à peu près confortable et de s'y tenir. Je commence à déambuler dans la ville mais m'y perds et comprends vite que la fatigue me rattrape. Je reprendrai mes recherches après un peu de sommeil gagné sur le parvis de l'église. On est loin du Hilton, mais je parviens à aménager une niche acceptable dont je profite quelques heures.

Avant même le lever du jour, je reprends mon paquetage, bien décidé à retrouver Denis. Nous avions pour ambition d'arriver le plus vite possible à Posadas, tout à fait au Nord-Est de l'Argentine. Je suis persuadé que Denis m'attend à la gare routière qui dessert la principale cité de Mission. C'est en tous cas ce que ferais à sa place ; à moins qu'il n'ait regagné ce fichu carrefour. Je m'engage donc à l'intuition à travers cette ville dont je ne me rappellerai qu'une ambiance de Pays de Caux au mois de novembre : atmosphère déserte et mouillée. Enfin la gare routière se présente à moi, libérant un semblant d'animation. Je croise les doigts pour que Denis ait eu la même idée. Si tel n'était pas le cas, je le laisserai venir à moi. C'est décidé, je ne bougerai pas d'ici.

Mais il ne me faut que quelques secondes pour distinguer une forme étonnante, répandue sur le sol, dans un coin abrité du vent et de la pluie. Cette forme, que n'importe qui assimilerait à un chargement de pastèques, m'est familière, presque humaine. À mesure que je m'approche, je sens s'échapper de ce paquet un souffle qui n'est pas sans rappeler les grands mammifères marins. Les indices sont trop nombreux. L'erreur est impossible. J'ai retrouvé Denis. Il est là, effectivement, enveloppé dans son anorak, sa capuche ficelée sur la tête de sorte qu'aucune parcelle de peau ne dépasse. Probablement parce qu'il se sent observé, voilà qu'il s'extirpe brutalement de son demi-sommeil pour m'apercevoir. Notre orgueil nous interdit toute forme d'étreinte. Je me dis avoir été bien soucieux pour avoir, ne serait-ce qu'un moment, songé sauter au cou de ce bon vieux Denis. Personnellement, je n'ai jamais été si heureux de le voir. Lui aussi s'est fait un sang d'encre mais, fidèle à lui-même et après que les retrouvailles ont eu lieu, il tempère notre angoisse.

– Tout baigne. Je m'doutais que tu viendrais jusqu'ici, dit-il d'un air faussement nonchalant !

– Ducon, on t'a jamais dit de ne pas quitter un point de rencontre ?

– J'ai vu passer ton camion. Il ne s'est pas arrêté. Tu aurais fait quoi à ma place ?

La joie de nous retrouver l'emporte bien évidemment sur toute animosité. L'expérience nous invite désormais à ne plus nous séparer.

Inséparables, nous l'étions déjà pourtant. C'est l'image que nous avions au lycée. Je connais Denis depuis plus de douze ans. Nous fréquentions le même collège et la même classe dans une petite ville de Normandie. Rien ne nous prédestinait à devenir de si bons amis. Et je n'aurais pas un seul instant imaginé partir à l'autre bout du monde avec ce petit gros, binoclard, couvert de taches de rousseur, qu'une rentrée en classe de sixième inquiéta jusqu'aux sanglots. Denis et moi sommes restés très différents mais cultivons une espèce de complicité dont il est pénible pour autrui de se sentir exclu. Beaucoup d'ailleurs y voyaient une alchimie hostile, proche de la vanité. S'il a gardé ses binocles, ses taches de rousseur et décuplé sa surcharge pondérale, Denis a gagné avec les années une confiance en lui qui frise l'insolence. Particulièrement érudit pour ses 21 ans, il aime intervenir sur tous les sujets avec un ton pédagogue assez détestable et des connaissances étonnantes. Il n'a pourtant rien de l'élève brillant, du premier de la classe, pas plus que de l'intello-chiant ou du fils à papa. Ce fils d'agriculteurs s'intéresse à tout depuis toujours. Incapable de se plonger dans un roman, il est du style à s'attaquer au QUID et à dévorer toutes les revues d'une salle d'attente ! S'il lit, il doit apprendre à chaque page. S'il voyage, il doit découvrir chaque jour.

Denis, j'en suis depuis toujours convaincu, est en fait dévoré par les complexes. Je me souviens qu'on l'appelait « pâté » ou bien encore « la fraise » quand il était petit : appellations d'origines tout à fait incontrôlées qui ironisaient douloureusement sur ses affinités alimentaires, sur la bonhomie de ses traits ou sur la pigmentation pointilliste de sa peau. S'il prend ostensiblement les gens pour des cons, c'est avant tout pour cacher ses propres inhibitions, ses propres tares. Le statut de gros est difficile à porter quand on est gamin. Il nuit gravement aux relations avec les filles et de fait, entache une image de marque dans un établissement scolaire. Aujourd'hui, la solitude lui pèse. Pis, elle nourrit un fatalisme touchant.

Denis s'est engagé dans cette aventure d'abord par amitié et par fidélité pour moi. Aussi parce que c'est le moyen d'échapper aux jugements portés, aux critiques faciles, aux valeurs les plus étriquées, aux critères les plus standard. Parce que notre quête, reconnaissons-le, paraît bien illusoire et finalement peu fondée. Pourtant, nous nous y jetons sans nuance, sans discernement, avec une espèce de fringale malhabile et inconsciente.

Tout avait commencé quelques mois plus tôt avec ce coup de fil qui résonne encore comme un cataclysme dans mon esprit et dans ma chair. François m'annonçait sans ménagement que mon père n'était peut-être pas mort. Je n'avais pas encore fait le deuil de sa disparition qu'il jetait un doute sur des faits que je commençais à peine à accepter. Dès lors, le cœur et la raison se sont affrontés jour et nuit : croire et espérer ou bien renoncer et ne rien entendre. Le concret se heurte à l'utopie. Le factuel aux spéculations. Un point crucial n'avait pas cessé de me tarauder : le corps. Jamais le corps n'avait été repêché. Mon père n'était certes pas un marin chevronné. Tout juste s'amusait-il de quelques encablures à proximité de la côte, sur un petit voilier qu'on voulait bien lui prêter. Peut-être était-il tombé du pont. Peut-être avait-il fait un malaise. Toutes les hypothèses avaient été avancées mais le corps n'avait jamais été retrouvé. Jamais la preuve tangible et irréfutable d'un décès n'a pu être donnée. Alors pourquoi pas ? Avoir vu le bateau gisant sur son flanc dans les eaux agitées de La Rochelle, sans âme à bord, m'était alors apparu comme une démonstration suffisante. Cette coque retournée était pour moi le témoin évident d'un accident, un accident tragique, un fait divers comme il en arrive tous les ans. Mille fois j'avais rêvé de ce scénario confrontant mon père à la mort, seul en mer. M'avait-il appelé ? Avait-il lutté pour sa survie ? Avait-il souffert ? Comment toutes ces questions, toutes ces douleurs pouvaient-elles être soudainement contestées par ce simple appel téléphonique ?

Je connaissais François pour l'avoir rencontré une fois dans le sud de la France où mon père et moi lui avions rendu visite. J'ai beaucoup d'estime et même une certaine fascination pour le personnage. Ce baroudeur bourru et solitaire a toutes les facettes de l'aventurier qu'on croise au cinéma. Toujours vêtu d'une saharienne plus ou moins fraîche, il fait l'effet d'un mercenaire, d'un orpailleur reclassé, à la poursuite d'un idéal. Installé quelque part au Yémen, officiellement pour affaires, ce type aussi mystique que ténébreux connaît tous les déserts du monde. Il y a fait des reconnaissances nombreuses pour des rallyes-raids ou des expéditions extrêmes.

Il désensable une voiture mieux que quiconque, répare un radiateur avec des cactus, converse avec la vipère d'Arabie et ne se sent bien que seul, au milieu de nulle part. Je crois qu'il impressionnait aussi mon père qui voyait en lui les héros de ces livres d'enfant. Ils étaient tous deux très proches, partageaient cette indolence qui les rend invulnérables, cette insolence devant les éléments, les aléas de la vie. Fidèle au recul qu'il manifeste devant les difficultés, François, après avoir pris de mes nouvelles m'avait jeté sans délicatesse :

– Sam, je crois que ton père n'est pas mort. Il avait enchaîné :

– C'est le hasard, et tu sais combien je suis attaché à ses signes... mais un ami l'a aperçu dans le Nord de l'Argentine. Il n'a pas pu lui parler, ni même lui faire un signe. Ton père s'est engouffré dans un bus pour Iguaçu !

Médusé, tenté d'insulter François pour les souffrances nouvelles auxquelles il m'exposait, je n'étais pas parvenu à prononcer le moindre mot, suspendu à ses explications :

– Cet ami ne connaissait pas personnellement ton père mais l'avait néanmoins rencontré deux fois à Paris lors de soirées cigares. J'ai pris soin, tu t'en doutes, de lui envoyer par mail des photos. Elles ont conforté son point de vue. Il est catégorique. C'était lui. J'ignore ce qui aurait pu le conduire à disparaître ainsi aux antipodes. Mais le connaissant, s'il est vivant et s'il a choisi de fuir dans ces conditions, de renoncer à toi, c'est qu'il a de gros ennuis.

Crois-moi. Mon ami a quitté l'Argentine mais il prétend que ses certitudes doivent te pousser à faire ton sac pour le pays des gauchos. Fais-le, petit.

Il a raison.

– Fonce ou les regrets et la culpabilité boufferont ta vie. Et s'il avait besoin de toi ? Quelque part. Loin d'ici. C'est une hypothèse crédible. Crois-moi !

Pendant quelques semaines j'ai gardé pour moi cette conversation. Le temps de la digérer probablement. Puis les événements se sont précipités. Un malheur n'arrivant jamais seul, ma petite amie m'a quitté pour un type que je juge évidemment sans intérêt et sans envergure. Le problème est que j'ai grandi avec elle. De l'adolescence à l'âge adulte, nous nous sommes éduqués l'un l'autre pour nous fabriquer l'avenir dont nous rêvions. J'ai appris à son contact que je pouvais m'intéresser à autre chose qu'au foot, aux motos et aux copains. Et puis j'ai voulu lui prouver qu'elle pouvait trouver quelques raisons de m'aimer et d'être fière de moi. Il m'est même arrivé, à ce seul titre, de travailler à l'école. Si si ! Ensemble, nous avons poursuivi nos études supérieures, heureux de ce singulier parcours conjugal. Sans que j'accepte de le voir, le temps effritait pourtant une relation trop longue pour notre âge. Elle est partie, alors que je me croyais indispensable à ses yeux ; faisant voler en éclats tous mes repères, toutes mes certitudes. Je savais mon histoire banale, aussi vieille que le monde. Pourtant elle m'ébranlait. Tout m'apparaissait futile et dérisoire. Je ne voyais de solution que dans la reprise de notre relation ou dans la fuite. Trop fier pour le reconnaître, je m'efforçais de cacher ce qui s'apparentait très clairement à une déprime, à une espèce de mal-être insondable et incurable. Cette deuxième claque m'est arrivée comme un missile. Un soupçon de lucidité m'avait fait pourtant comprendre que tout cela me serait finalement utile. Je finissais par croire que tout me réussissait, que jamais ma bonne étoile ne me lâcherait. J'en devenais ambitieux, bêtement ambitieux, à tout prendre pour un défi, pour une compétition. Peut-être sont-ce ma stature napoléonienne et plus exactement mon mètre soixante-cinq qui nourrissent cette quête perpétuelle et compensatoire de reconnaissance, mais c'était comme ça, il me fallait prouver des tas de choses à tout le monde. La perspective de passer ma vie sous les bras des plus grands que moi avait dû malgré moi développer ce profil revanchard, assoiffé de quêtes en tous genres.

Bref, les temps étaient moroses. J'ai fini par tout expliquer à Denis. Lui proposant ni plus ni moins d'aller chercher un mort finalement peut-être encore vivant à l'autre bout du monde, sans l'ombre d'une adresse, sans le début d'une amorce de piste concrète à suivre. Comme à son habitude, Denis avait commencé par hausser les épaules :

– C'est quoi encore ce plan foireux ?

Comme d'habitude, il avait fini par accepter :

– Ok mon pote, mais tu me paies un Mac Do pour fêter notre départ. De petits jobs en petits jobs, nous avons rassemblé le budget nécessaire aux billets d'avion, ne révélant à personne l'objet de notre départ.

– Posadas ? Un Argentin, le visage sévère, interrompt soudainement nos retrouvailles et les souvenirs qu'elles suggèrent : un bus part immédiatement. Nous y montons, maladroits, encombrés de nos sacs à dos déjà crasseux et poussiéreux.

Le soleil se lève. La route qui longe l'Uruguay est décidément interminable. Seuls d'imposants trucks animent cet itinéraire rébarbatif qui vient crever les vastes plaines d'Argentine. Patience. Au nord, loin devant, peut-être les réponses aux doutes jetés par François. Sans illusion, je me dis qu'au moins nous verrons du pays. Je ne suis même pas convaincu, malgré les kilomètres déjà avalés, d'avoir tellement envie de chercher ce fantôme. L'aiguille, si toutefois elle existe, est si fine, la botte de foin si vaste, que l'entreprise me paraît vaine. Alors, je me mets en tête de tirer quelques bénéfices de notre expédition, à commencer par ceux du voyage, de la découverte, des rencontres. Et finalement, je me réjouis de visiter les chutes. Au nord, l'on sait la nature exubérante et luxuriante. On dit même qu'elle s'y donne en spectacle. Ressurgissent alors, dans les esprits, les images du film « Mission ». Difficile de croire que cette infinie pampa puisse conduire à ces fameuses chutes d'eau, cachées au cœur de la forêt tropicale. Pourtant, à mesure que l'on s'approche de Posadas, l'atmosphère change et distille doucement des senteurs d'Amazonie. Les couleurs se contrastent. La terre rougit. Des traits indiens se dessinent sur les visages au bord de la route. L'horizon meurt désormais derrière une végétation plus chargée. Nous voilà en terre guarani, en terre d'aventure. Denis et moi brûlons de la pénétrer, de nous en imprégner. Après une rapide escale à Posadas, nous entrons en stop dans le parc national d'Iguaçu. Coincés à l'arrière d'un pick-up, nous faisons connaissance avec la nature, tentons de deviner ses bruits, ses mystères. Notre bienveillant conducteur nous laisse au croisement de deux pistes. Nous nous délectons. Le concert des oiseaux, les cris des singes, donnent à ce décor une incroyable vie. En tendant l'oreille, on perçoit même un écho sourd, perpétuel et lointain : ce sont elles, ce sont les chutes ! Un nuage anormalement bas vient d'ailleurs tacher le bleu céleste. On suppose alors l'ampleur du bouillonnement et le tumulte des eaux pour que s'élève ainsi cet épais brouillard d'embruns. Après un bien long voyage, une impatience juvénile nous hâte soudain vers les cascades comme si les « Grandes Eaux » (en indien : Iguaçu), pourtant aussi vieilles que le monde, pouvaient d'un seul coup s'assécher.

Nous marchons longuement. L'exaltation anéantit mes tourments et le poids de nos sacs. Même Denis me paraît se mouvoir en gazelle. La récompense est là, à portée de jambes. Aucun film, aucune photo, aucun témoignage ne saurait être digne du spectacle qui explose à nos yeux.

– On ne mérite pas ce qu'on voit, s'extasie Denis devant le plus vaste panorama de chutes qui puisse exister ! Dans un vacarme apocalyptique, des dizaines de milliers de mètres-cubes d'eau s'engouffrent chaque seconde dans une fosse tout à la fois féérique et diabolique. C'est partout comme un éternel déluge. La nature semble avoir construit ce gigantesque amphithéâtre pour rappeler son indomptable puissance, son inégalable créativité. Les cataractes se déploient par dizaines. Dans un formidable cocktail de bleus et de verts, des arcs-en-ciel viennent zébrer ce paradis vertical et végétal, tapissé de fougères, de palmiers, de lianes, de bégonias et d'orchidées. Nous parcourons des kilomètres sans même nous en rendre compte, abasourdis au pied de ces irréalistes murs d'eau, ou tout là-haut au bord du précipice. Le paradis s'apparente même à l'enfer lorsque nous approchons les Gorges du Diable, les plus terribles. Fragiles, à quelques mètres seulement de ces eaux fracassantes, chargées de terre et de limon, angoissantes et mugissantes, je sens Denis irrésistiblement parcouru des mêmes frissons que moi. Trempés, invités à l'humilité, nous restons muets devant tant de grandeur. Ces « eaux fortes » d'Amazonie me rappellent ces grands découvreurs qui ont osé braver cette nature. Quelles histoires, quelles légendes, quels trésors ces chutes peuvent-elles bien cacher ? Nul doute qu'elles ont longtemps protégé la faune et la population guarani des méfaits du visiteur. Pour combien de temps encore ? Nous sommes seuls. Mais le tourisme aura un jour raison de ces lieux. Fatalement. Déjà la lumière décline. Nous décidons de dresser le bivouac aux abords des chutes. Demain, nous irons glaner d'improbables informations auprès des gardes forestiers et de l'hôtel *Foz do Iguaçu*, le seul du secteur.

Une minuscule clairière, coincée dans une inextricable et luxuriante végétation, se prête merveilleusement à ce qui s'apparente à un cérémonial rigoureux mais encore mal rôdé. Nous déplions la tente Igloo, sous la lueur timide, déjà fatiguée, de notre lampe-torche 1er prix.

– Non, Denis, pas dans ce sens. Mais regarde les coutures nom de dieu !

– J'ai vu ma cousine le faire devant moi dans son jardin y a pas deux jours, se défend-il.

– Denis, je suis sûr qu'il y a autour de nous toute une famille de toucans qui se fout de nous. On aurait quand même dû faire un essai ou deux avant de partir !

– Bon, t'enfonce les piquets. Et tends bien le sol, ordonne-t-il avec le ton avisé d'un chef scout qui a vu du pays.

Laborieusement, nous finissons par ériger un abri qui ferait sourire le campeur « type » de Bidart ou de Bandol, tant le double-toit part en vrac. À l'intérieur (et notre famille de toucans se délecte maintenant d'ombres chinoises), on s'organise.

L'espace habitable est prévu pour trois. Entre Denis et les sacs à dos, il ne fallait pas moins. Denis installe sa couchette avec une espèce de recueillement touchant. Sa minutie, le soin qu'il consacre au rangement de ses affaires, l'égard qu'il offre à ses vêtements ne sauraient faire oublier les effluves qui s'en dégagent.

– Ça refoule Denis ! Mets tes pompes dehors…

– J'y peux rien, répond-il en s'exécutant, presque compatissant.

À mon tour (après les toucans), je m'amuse d'un spectacle privilégié : non pas celui de voir mon Denis se déshabiller - au risque de décevoir les lecteurs les plus cyniques - mais celui plus pudique de le voir se glisser dans son sac de couchage. On sent qu'il cogite : les bras… ? Doit-il les rentrer dans le duvet ou les maintenir à l'extérieur ? S'il opte pour la première solution, il se retrouve littéralement saucissonné, réduit à l'aspect d'une irréelle chenille. Denis, se rappelant rapidement au doux climat de la région, tranche finalement pour la configuration numéro 2 et s'assoupit doucement.

La nuit est riche en bruits de toutes sortes. Quoique fatigué, j'aime à me réveiller de temps à autre, pour m'immiscer dans l'intimité de cette nature noctambule que je m'efforce vainement d'identifier, avant de replonger dans mon sommeil. Mes rêves et la réalité environnante forment une alchimie bienfaisante. Je savoure ces premières aventures. Je savoure ce décor. Nous nous donnons trois jours à Iguaçu. Infatigables, nous sillonnons ces chemins de boue, rougis par la latérite. Mal à l'aise dans nos costumes peu crédibles d'enquêteurs, nous interrogeons chaque âme rencontrée. Nous croisons un premier ranger qui nous certifie qu'il est impossible que mon père soit entré dans le parc à l'insu des autorités. Il semble offusqué. Nous apprenons dans un anglais pour le moins exotique, que la réserve fait l'objet de contrôles stricts, que ses collègues et lui savent tout des flux de personnes, qu'elles soient touristes ou non. Le trouvant bien zélé, nous décidons de nous en remettre aux différents postes forestiers qui quadrillent le secteur. Nul ne reconnaît l'homme que je soumets à d'éventuels souvenirs. Chaque fois le même refrain nous est opposé. Impossible d'entrer dans le parc sans montrer patte blanche, numéro de passeport, lieu de provenance, prochaine destination, objet du voyage, etc. Idem dans l'hôtel *Fos Do Iguaçu*, qu'il s'agisse du personnel ou de la clientèle. Nos interlocuteurs ne se désintéressent pas de notre affaire, mais vraisemblablement, aucun d'eux n'a croisé mon père.

Denis et moi ne sommes pas résignés mais nous œuvrons avec lucidité et détachement, convaincus qu'une bouteille jetée à la mer a finalement toutes les chances de ne jamais être retrouvée. Tous deux avons décidé d'aller au bout du crédit de trois jours alloué à ce secteur que nous arpentons plus en touristes ou randonneurs qu'en investigateurs. Ces heures me semblent douces. Quant à nos veillées, elles sont loin des soirées mousse d'Ibiza. Il n'y a que nous. Pas un touriste ne traîne ici après le coucher du soleil. Ne boudons pas cet extraordinaire privilège. La nuit surgit tôt. Alors, nous discutons, les yeux rivés vers un tapis d'étoiles créatif et lumineux, l'oreille attentive au vacarme des eaux. Ces instants de recueillement m'inspirent quelquefois de la nostalgie, celle qui fait un peu mal, mais qu'on se plaît pourtant à attiser. Celle dans laquelle je me complais malgré moi. Doucement, je dérive sur les lieux communs du ténébreux romantique malheureux. Le spleen du type qui s'imagine avoir un destin et une existence différents. Je pense à mon père. Je pense à ma rupture. L'addition me semble bien lourde. Avais-je eu raison de suivre les conseils de François ? Devais-je entraîner Denis dans cette poursuite qui d'avance me paraît dessiner une impasse ? Aurai-je le courage de m'investir dans de plus amples recherches ? Je crains d'ores et déjà ce redoutable travail de sape.

Denis et moi avons cette même fierté sclérosante devant ce genre d'états d'âme. Même sous la torture, je refuserai de lui avouer explicitement mes peines. C'est inutile. Il me connaît mieux que ne me connaîtrait mon propre frère. Il s'emploie à me dérider et me détourne de ma mélancolie avec habileté. Il me lance au nez ses chaussettes ou revendique une faiblesse passagère à se sentir ainsi maigrir. Il n'en faut pas davantage pour m'extirper de mes sombres pensées.

L'épuisement de nos modestes rations de

nourriture, conjugué au sentiment d'avoir écumé les lieux, dicte un prompt retour à la ville. Objectif : regagner Posadas et y renouveler ces désagréables interviewes. Les 50 premiers des 250 kilomètres qu'il nous faut parcourir sont les plus pénibles en stop car le trafic est rare. Nous marchons d'ailleurs longtemps au plus chaud de la journée avant d'être pris en stop par un pick-up. Les Argentins qui acceptent de nous embarquer ne réalisent que des micro-trajets, d'un village à l'autre, 5 ou 6 kilomètres plus loin. Il nous faut plusieurs véhicules et trois bonnes heures pour rejoindre Esperanza à moins de 25 kilomètres de notre point de départ.

– Plus que 225 bornes ! fulmine Denis, la mine écarlate du bon Normand exposé trop longtemps au soleil. Chaque nouvelle rencontre doit se soumettre à ce qui apparaît désormais comme un rituel systématique. La photo et la sempiternelle question, tout de suite comprise, quoique posée en français :

– Avez-vous vu cet homme ? Manifestement, nos profils n'appellent pas à la méfiance. Chacun se prête volontiers à la démarche. Malgré cette indéniable envie de coopérer, les réponses restent invariablement les mêmes : « Jamás visto, desolado ! »

Une Peugeot (dont le modèle m'est inconnu tant il est ancien) nous conduit enfin à Eldorado, 50 kilomètres au sud. Qui a bien pu penser un jour appeler ce bled Eldorado ? Iguaçu nous paraît bien loin désormais. Il fait froid et nous tendons maintenant le pouce devant un abri de bus complètement déglingué. Cette fois, nous sommes sur un itinéraire plus fréquenté. Mais nul ne semble disposé à dépanner les deux types crasseux qui se manifestent au bord de la route. Comment leur en vouloir ? Je serais bien le dernier à nous prendre en stop… Voilà deux heures que nous patientons dans ce décor de poussière. Enfin, une voiture daigne s'arrêter. Je m'imagine déjà blotti à l'arrière pour deux heures d'un repos mérité.

– Je vais à Posadas, dit le conducteur dans un espagnol que nous comprenons parfaitement pour la circonstance.

– Nous aussi ! répondons-nous en cœur, prêts à élever sur le champ une statue à ce messie.

– Seulement, je ne prendrai la route qu'à 22h30. Si vous êtes encore là, je vous emmène. Parole !

Bien sûr, nous le remercions et dissimulons notre désillusion. Qui sait ? Peut-être tiendra-t-il sa promesse. Mais même si tel est le cas, il nous reste à patienter près de trois heures. Avec la nuit, s'abat une humidité pénétrante qui rend l'attente plus longue encore, presque désespérante puisque aucun autre véhicule ne se soucie de nous. Puis, l'heure du rendez-vous approche. Malgré tout. Elle sonne même, sans que personne ne se présente. Résignés, nous nous décidons à abdiquer et à installer une couchette de fortune sous cet abri de bus. Denis gesticule et déroule son tapis de sol, exaspéré :

– Pour le même budget, je pourrais être en train de buller aux Seychelles ou à Maurice. C'est sûr, le voyage serait beaucoup moins long, mais je me ferais surtout beaucoup moins chier. Je ne voudrais pas que les copains nous voient dans cette cahute pourrie, dehors pas 7°.

Bon gré, malgré, nous nous préparons à une nuit peu confortable.

Alors que je m'étais enfin endormi, les phares d'une voiture et le ronronnement métallique de son moteur viennent nous surprendre. Une voix s'en échappe. C'est notre homme. Il n'est peut-être pas très ponctuel mais il est fidèle à son engagement. Il est aussi très volubile sur les quatre heures de trajet. Denis a réussi à s'accaparer l'arrière de la Renault 6 où il dort sans scrupule. Quant à moi, glacé par un trou béant dans la jointure de la portière, je lutte contre le sommeil pour tenir un semblant de conversation avec le conducteur.

Enfin Posadas. Nous ne connaissons rien de la ville. Nous n'y avons fait qu'une très courte halte à l'aller, mais nous avons le sentiment réconfortant d'un retour au bercail. Ce n'est là qu'un phénomène inexpliqué, illusoire puisque rien ni personne ne nous y attend. Nos exigences, nos envies d'une nuit un tant soit peu confortable, déclinent à mesure que la R6 s'engage dans la petite cité, en direction du centre-ville. Il est tard dans la nuit. Tout est désert. L'endroit où nous descendons serait le cœur de Posadas. Presque apitoyé, mais dans l'impossibilité d'en faire plus pour nous, notre ami nous laisse sur des « good luck ! » interloqués. Une brume légère a conquis cette place lugubre dont nous cernons mal les limites. Denis et moi nous rendons à l'évidence : étant donné l'heure avancée et notre budget, il est préférable de dormir sur un banc. Inutile de nous mettre en quête d'un bed & breakfast. Gardons ce luxe pour plus tard. Cinq ou six bancs se dressent le long d'une large avenue, en face d'un square peu accueillant. Il va vraiment nous falloir revoir notre confort à la baisse. Nos exigences n'étaient pourtant pas bien élevées ! Les bancs sont tous occupés, à l'exception d'un, en contrebas. Des sans-abri se les sont accaparés. Nous devrons partager le seul resté libre et exclure de dormir allongés. Ces silhouettes ensommeillées, collègues d'un soir, ne manifestent aucun signe d'animosité, ni d'une quelconque hostilité. Il fait toujours aussi froid, peut-être davantage encore et nous nous armons pour une nuit difficile.

– On est cons, ironise Denis. Je n'ai pas pensé à réserver un banc en single, sans petit déj' et bien exposé, en plein centre-ville !

Nous n'arrivons pas à trouver notre place, la position ou le semblant d'aménagement qui nous conviendrait. Notre somnolence se ponctue d'innombrables interruptions. Il s'agit chaque fois de rechercher un peu de chaleur et de quoi reposer notre cou, de caler ou appuyer notre tête. Chaque fois cette quête est le prétexte à enfiler une laine supplémentaire. À ce point que mon paquetage se vide de l'essentiel de son contenu. Denis semble aussi transi que moi. Il s'échappe de ses narines une fumée blanchâtre épaisse qui suffit, en la voyant, à me frigorifier plus encore. Comment imaginer qu'à quelques centaines de kilomètres des premiers plateaux amazoniens, nous puissions avoir si froid. Mon duvet, les trois pulls, les deux pantalons, le K-way et le blouson que je porte, le tapis de sol qui m'enveloppe ne suffisent pas. L'humidité me glace jusqu'aux os. En relevant la tête, j'entrevois mon salut de l'autre côté de l'avenue : un immense sac en plastique. La lenteur et la maladresse avec lesquelles je m'extirpe pour aller cueillir cette idée géniale me rappellent combien nous serions vulnérables devant tout acte malveillant. C'est pourquoi je décide, après m'être enfoncé dans ce deuxième duvet, celui-là de fortune et malodorant, de trouver le sommeil rassuré par mon couteau. Un même constat inspire à Denis la même mesure de prévention. Vers 5 heures du matin, le sommeil se montre plus fort que le froid. Ensemble nous nous endormons, calés l'un contre l'autre, « bibendumisés » de mille vêtements. Il n'y aura pas de grasse matinée.

Réveillés par la rosée et l'humidité du matin, nous partons arpenter la cité frontalière, déambulant à l'inspiration. Très vite, nous nous sentons remarqués. Nos questions répétées aux passants et cette espèce de micro-trottoir amusent, intriguent, particulièrement les enfants qui, tous, prétendent pouvoir nous aider.

En fin d'après-midi, un gamin émerge toutefois de cet attroupement étrange qui se forme et se déforme autour de nous. Le regard noir, pénétrant, il me fixe et me fait comprendre que lui n'est pas dans le jeu des autres gosses. Il s'impose au milieu de tous, montre qu'il est prêt à y mettre la force si nécessaire, et nous fait comprendre que son grand-père, à quelques mètres de là, a peut-être des renseignements à nous donner. Nous nous exécutons et le suivons, contents d'avoir un os à ronger, mais pour le moins dubitatifs. L'homme vend des fruits à l'angle de deux artères commerçantes. Ses traits témoignent d'un âge avancé. Ils creusent des sillons profonds qui semblent vouloir résumer son vécu, restituer tout son être, souriant et avenant. Ce monsieur s'adresse à nous dans un charabia inaudible que l'enfant s'efforce de traduire en anglais :

– Je ne sais pas s'il s'agit de votre homme, mais de l'autre côté de l'eau, la *Pensascion* héberge en ce moment même un Français, venu seul dans le secteur, assez mystérieux, probablement de passage. Je le tiens d'Armando qui m'a offert une pièce de deux francs donnée par ce Français. Il est gentil Armando ; il sait que je collectionne les pièces étrangères. Avec cette pension, il en collecte souvent. Et des quatre coins du monde ! Regardez, la voilà insiste le vieil Argentin, fier de sa démonstration.

Je ne sais pas qui est cet Armando mais qu'importe. Les questions me viennent par dizaines. Mon cerveau les enchaîne mais ma langue ne suit pas. Si seulement je pouvais parler espagnol. De l'autre côté de l'eau ? *Pensascion* ?... C'est pas vrai, j'ai jamais vécu ici moi. Il ne peut pas être un peu plus clair ? Au fil de la conversation, nous comprenons qu'il s'agit d'un modeste hôtel, en face, de l'autre côté du fleuve Parana, au Paraguay. Bien sûr, je décide de nous y rendre dès demain. Officiellement, à l'égard de Denis, nous irons « au cas où », simplement « au cas où ». Presque détachés. Mais tout au fond de moi, je sens l'espoir naître. Dans sa plus faible lueur, il est bien réapparu malgré tout. Je voudrais lutter contre, de peur de m'y brûler mais n'y parviens bien évidemment pas. Sait-on jamais ?

Déjà la nuit est tombée sur Posadas. Le temps de grignoter un empanadas bon marché et de regagner notre banc, de l'autre côté de la ville, pour une nouvelle nuit de rêve avec nos nouveaux amis clochards.

Inutile de dépeindre ces nouvelles heures passées sur le banc. Elles sont trait pour trait les mêmes que les précédentes. Peut-être la fatigue nous aura-t-elle gagnés un peu plus vite, cette fois.

Dès l'aube, un bruit intense et grandissant nous sort sans délicatesse de notre léthargie. Avec toutes les peines du monde, j'ôte la capuche de mon sac de couchage, puis celle de mon K-way et enfin le foulard qui me couvrait les yeux. J'aperçois un premier visage à un ou deux mètres de nous. Hébété, il semble surtout amusé de cette scène inédite que lui offre le banc. À ce point que le ridicule brutalise mon réveil. Mes yeux organisent une mise au point rapide sur ce nouvel environnement et confortent le burlesque de la situation. La place et l'avenue sont noires de monde, tandis que la fanfare locale n'est plus qu'à quelques mètres de nous. Moqueuses, les têtes se tournent invariablement sur ces étranges touristes. Denis vient également d'ouvrir un œil. Même si tout ce beau monde n'est évidemment pas là pour lui, son attitude me rappelle les expressions du visage qu'il n'a pu contenir quand nous lui avons fêté par surprise ses vingt ans, voilà six mois. Manifestement, quoiqu'heureux de constater qu'il y a finalement des habitants dans cette ville, Denis n'apprécie que modérément, d'une part d'avoir été réveillé, d'autre part de passer pour le clown de la fête. Ainsi lançons-nous tous deux des sourires niais, de pure contenance, aux passants qui rient de notre banc, véritable stand de kermesse.

– On est le 9 juillet ! déclare Denis, plus illuminé qu'Archimède trouvant la solution à l'énigme dans sa baignoire !

– Dis donc l'horloge parlante, t'as avalé un agenda ?

– On est mauvais ! Mais qu'est-ce qu'on est mauvais ! C'est pas possible d'être aussi mauvais !

– Pourquoi ?

– C'est fête nationale aujourd'hui. C'est pour ça qu'ils ont sorti les cotillons les lascars. Avec le pont, le consulat restera fermé au moins quatre jours. Tu vois le problème. Faut un visa pour passer au Paraguay ! Foutu personnel consulaire, je suis sûr qu'il cumule les fêtes paraguayennes et argentines pour buller un peu plus ! s'emporte tout seul mon Denis.

Nous avons assez déambulé dans Posadas. L'envie de croiser ce Français de la *Pensascion* se fait de toute façon trop pressante pour traîner ici plus longtemps. Présentons-nous au poste frontière, me dis-je. On verra bien.

C'est vite vu ! Les ressortissants français ne peuvent entrer au Paraguay sans un visa dûment validé par l'ambassade ou le consulat. Aucune dérogation ni formalité suffisante ne peut s'obtenir auprès des agents douaniers présents sur ce pont-frontière. L'air renfrogné du « douanier paraguayen type » ne nous invite pas franchement à la négociation. Il va falloir se résoudre à patienter et pire encore, se préparer à une nouvelle nuit dehors. Alors que je me projette déjà avec amertume sur ce temps perdu bêtement, pour de rageantes contraintes administratives, je vois cette famille nous faire quelques signes aussi discrets que décidés. Ils sont sept entassés dans un combi d'un autre âge, charriant mille paquets. Il y a là très probablement les parents, une grand-mère et quatre enfants, de la toute petite enfance à l'adolescence. De type indien, ils ont tous ce regard profond chargé de tempérament. Nous nous approchons et comprenons vite que la gestuelle sera notre seul langage commun. Ils ne parlent pas un mot d'anglais. La parole n'a rien d'indispensable, ils ont tout déduit de notre attitude. Ils savent que nous voulons franchir ce fichu pont et nous proposent d'embarquer parmi eux. Ils prennent soin de nous installer au milieu de leur capharnaüm, au milieu de cageots, de couvertures, de fruits, de légumes et même de volailles. Décidément, ce voyage se poursuit sous le signe du poulet. Le meilleur ami de Denis (braisé, rôti, froid, chaud...) nous suit à la trace ! À moins que ce ne soit Denis qui le suive... La mère de famille peaufine le camouflage nous recouvrant, avec fausse négligence, d'étoffes et d'objets en tout genre avant que la voiture, toujours stationnée à proximité du poste de douane, ne redémarre. Ces gens prennent-ils là de gros risques ? Ont-ils l'intention de monnayer le passage a posteriori ? Denis et moi n'en savons rien. Sans nous concerter, nous laissons faire et abordons l'arrêt en douane un peu crispés. Il est vrai que le première halte, côté argentin, semble ne pas présenter trop de difficultés. La seconde en revanche paraît plus aléatoire. Seules quelques voitures sont véritablement fouillées, arbitrairement, sans règles évidentes. Le conducteur présente systématiquement ses papiers et se soumet au regard inquisiteur mais superficiel du militaire. Nous avons de la chance, l'inspection n'ira pas plus loin. Je ne saurai dire à quoi ressemblait le type en poste, tant je me suis appliqué à ne pas croiser son regard. Il n'a pas même baissé la tête pour observer l'intérieur du véhicule. Pas si zélé qu'il s'en donne l'air notre « douanier type paraguayen » ! Nous voilà donc au Paraguay. Une immense toile « Bienvenido a Paraguay » se dresse, géante, telle un trophée sur le bord de la route. Nos passeurs nous proposent de nous déposer à l'entrée d'Encarnación sans attendre la moindre contrepartie. Nous sommes stupéfaits et les remercions vivement. Trop heureux d'être arrivés de ce côté de l'eau, Denis et moi nous tapons la main, fiers d'avoir triomphé des rigidités consulaires. À mesure que nous marchons, nous ressentons une atmosphère radicalement différente de l'Argentine. La largeur du Parana suffit à planter un décor sans équivoque ; nous avons bel et bien changé de pays. Tout diffère, les attitudes, les tenues vestimentaires, les commerces... Indéniablement, le pays de Carlos Menem a des années d'avance sur son voisin le Paraguay. Cet exotisme dans l'exotisme n'est pas pour nous déplaire. On a le sentiment d'ajouter à l'aventure un peu d'aventure. Il n'en faut pas plus pour nous galvaniser et nous concentrer sur notre objectif. Encarnación est une ville vivante et animée. Nous y localisons sans peine la *Pensascion* et nous y rendons tout de suite, reportant à plus tard, sans même y penser, un semblant de déjeuner. J'aperçois au loin, coincé entre deux bâtiments de taule, un panneau lumineux, jadis très moderne, vantant l'air conditionné de la *Pensascion*. L'endroit paraît miteux. Nous nous approchons. Je me prépare à toutes les éventualités. Celle de la déception, mais aussi celle plus fantaisiste de la rencontre nez-à-nez avec un père que je tenais pour mort il y a quelques semaines encore. Quelle attitude adopter d'ailleurs ? Je n'y avais jamais vraiment pensé en ces termes, et cette question m'oppressait désormais. Nous voilà maintenant arrivés dans ce qui tient lieu d'accueil. Pas très engageant mais il s'agit bien là d'une réception. Un type amorphe, comme harassé par les heures chaudes de la journée, n'obtient du ventilateur fatigué et grinçant aucune énergie. Notre présence lui coûte. Il va devoir nous répondre, à défaut de redresser ce torse adipeux et sale. Nous lui demandons si un Français fréquente son établissement et nous apprêtons à lui présenter la photo qu'il doit être le seul à des centaines de kilomètres à la ronde à ne pas connaître encore. Mais Denis n'a pas eu le temps d'extraire le portrait de sa poche que le tenancier, dans un effort remarquable et avec un tonus qu'il s'ignorait, désigne du doigt un homme comme le Français convoité. Et là, stupeur. Il pointe un petit gros bedonnant, lui-même littéralement vautré, comme contaminé par le « taulier », une bière à la main.

– Il est là votre Français. Il est ingénieur Télécom, en mission au Paraguay pour trois mois, précise en espagnol notre fameux concierge 4 étoiles. Eméché, entouré de deux jeunes femmes maquillées à l'outrance, au rire forcé et peu distingué, notre compatriote n'a pas même remarqué notre présence. Il palabre devant ce public restreint qui convoite la poule aux œufs d'or. Il parle à gorge déployée dans une répugnante tempête de postillons, parcourt de ses mains boudinées les silhouettes avantageuses de son auditoire à chaque occasion. Comment ce type écœurant peut-il croire un seul instant à la sincérité des deux Paraguayennes ? Y croit-il seulement ? Pathétique, cette scène ne m'a pas rendu mon père. Elle nous a conduit tout droit dans un bordel sud-américain. L'atmosphère est lourde, malsaine, nauséabonde. La lumière que filtrent les persiennes révèle en fait une très large pièce. Notre intrusion anime soudainement des silhouettes nombreuses, jusque-là presque endormies dans des sofas éventrés. Ce sont là une douzaine de femmes qui guettent le client. Le marché semble bien disproportionné. L'offre dépasse de très loin la demande. Celles-ci sont plus jolies que celles qui accompagnent le Français, moins vulgaires. Très typées. Immédiatement, elles viennent à nous. Par tous les moyens elles s'efforcent de nous séduire, de déclencher un contact, de nous flatter. Les unes se la jouent sensuelles ou coquines, les autres rieuses ou copines. Bientôt, Denis se trouve, malgré lui, submergé, inondé de mains caressantes, de doux compliments, d'attentions démesurées. La scène est surréaliste. Voilà mon gros Denis adulé par une colonie de brunes, au teint mat et aux yeux noirs. Mais ces sirènes ne sauraient le convaincre, pas plus que moi, de quelque hardiesse. Notre inaccessibilité déconcerte ces groupies du moment. À croire que l'Européen ou le gringo qui pénètre ces lieux ne pourrait repartir sans consommer. « Inaccessibilité », je crois que le principe déstabilise aussi Denis qui prend provisoirement la peau du bellâtre que nul ne pourrait convaincre.

– N'insistez pas les filles, lance-t-il avec toute

l'ironie que je lui connais. L'idée même de monnayer les services de ces « jeunes filles » nous déplait. Pas plus mal d'ailleurs, puisque nous n'aurions de toutes façons pas les moyens de rétribuer la moindre faveur. Pas même de la plus moche ou de la plus vieille d'entre elles. Et que la plus vieille et la plus moche soit la même femme ne changerait rien à l'affaire.

Dire que nous avons pris des risques et changé de pays pour tomber là-dessus...

– Ça m'aurait fait plaisir de t'offrir un extra, Denis, mais nous ne pouvons vivre au-dessus de nos moyens. On se tire !

Mon acolyte acquiesce, jetant un œil méprisant sur la tablée du Français. Nous actons donc de reprendre le chemin inverse, d'aviser plus tard, à Posadas, de la suite des événements. Bien sûr, je suis un peu déçu que ce Français n'ait pas été le bon, mais au-delà, je m'inquiète de la patience de Denis. Il est irréprochable. Pourtant je sais qu'il va vite me falloir lui présenter quelque chose de plus tangible pour le voir poursuivre avec moi plus avant.

Avec inconscience, nous nous présentons à la frontière pour repasser en Argentine. Nous efforçant de demeurer aussi naturels que possible, nous tendons ensemble nos passeports français à la guitoune, d'où sortent presque instantanément de bien coléreuses questions. Un militaire massif s'en extirpe, déterminé à obtenir des réponses convaincantes. Denis et moi avons beau nous faire tout petits, comme aux plus belles heures de notre scolarité, ça n'en tempère pas pour autant le délit. L'on nous demande pourquoi il n'y a ni visa, ni tampon d'entrée sur nos deux passeports. À peine avons-nous le temps de bafouiller trois mots pour marquer notre étonnement que nous sommes embarqués manu militari et conduits au poste. La situation n'est pas vraiment sous contrôle et nous comptons sur notre statut de jeunes Français pour gagner rapidement la compréhension des autorités. Malheureusement, le ton monte davantage chaque minute.

– Putain, c'est Tintin et les Picaros ici. T'as vu la gueule des mecs. Ils font tout pour nous impressionner, marmonne Denis.

– T'as raison, on joue les loosers paumés, les gros naïfs et on s'en tient à ça. Je te promets que c'est dans nos cordes !

– Très drôle… »

S'enchaîne alors un dialogue de sourds, que nous nous efforçons de rendre aussi stérile que possible. À chaque question posée, nous répondons sans paniquer de candides « no comprendo » ou « telefono ambassada ». Les militaires s'agacent, jettent des chaises au sol, frappent le bureau du poing, feignent une violence imminente à notre endroit. Avec poigne, ils nous séparent et nous enferment dans deux cellules distinctes. Trop éloignées, ces cages à lapins ne nous permettent pas de communiquer. Seule une sommaire planche de bois, fixée au mur en guise de banc, habille ce parfait rectangle d'un jaune défraîchi. Il n'y a pas de toilettes. Pourtant, je sens la situation troubler peu à peu mon équilibre gastrique. Des heures s'écouleront sans que personne ne vienne. Puis la nuit tombe. Un bol de soupe m'est froidement déposé. Je m'installe en chien de fusil et ne peux m'empêcher de penser aux récits de bastonnades et d'humiliation qui font le patrimoine des anciennes dictatures d'Amérique du sud. Je me rappelle aussi de ces batailles juridiques sans fin et perdues d'avance par quelques Français empêtrés loin de chez eux dans l'indémêlable. Je me souviens de Béatrice Saubin condamnée à mort pour une sombre histoire de drogue, qui passera dix ans de sa vie dans les prisons de Penang. Dix ans à clamer son innocence. Bien sûr, il n'est ici question que d'une entrée illégale. N'empêche que je suis quand même au trou ! Alors forcément… les pires fantasmes viennent me toiser. Une résonance particulière ponctue ces heures de totale obscurité. Des cris, des bruits métalliques me font sursauter. J'ai l'impression que jamais demain n'arrivera. Le temps n'avance pas. Soudain, une clef s'introduit dans la serrure. Il est 5 heures du matin. Deux types accompagnés d'un Denis à la mine des mauvais jours veulent nous conduire à leur chef. Véritable général de kermesse, celui-ci nous sort le grand jeu. Il nous rappelle l'équivalent du code civil et les menaces qui pèsent sur nous. Il parle espagnol mais veille à articuler, exagère le mouvement de ses lèvres et mime l'essentiel de son propos de sorte que nous comprenons aisément.

Son uniforme n'est pas à la mesure du rang qu'il prétend tenir, pas très net et un peu troué. Mais l'homme en impose malgré tout. Les enjeux ayant été résumés, il dérive désormais sur un tout autre terrain.

– J'ai le pouvoir de vous tirer d'affaire et de vous épargner de gros ennuis... Denis comprend immédiatement le message et peine à contenir son indignation :

– J'hallucine, mais pourquoi il ne demande pas directement les biffetons ce pourri ?

Il ne croyait pas si bien dire puisque tout de suite notre geôlier poursuit :

– 1.000 dollars et vous êtes libres.

Le moment est venu de ressortir la carapace, notre costume si saillant de mecs paumés :

– No comprendo, telefono ambassada por favor.

Nous invitons le militaire à mieux nous regarder. Nous sommes peut-être Français, mais nous n'avons pas d'argent, nous sommes sales (notre dernière douche remonte maintenant à bien longtemps), nos sacs ne sont eux-mêmes pas vraiment cleans... où voudrait-il que nous trouvions une somme pareille. Plusieurs heures durant, nous multiplierons les aller-retour jusqu'à notre cellule ; une mesure d'intimidation j'imagine. Mais chaque fois l'issue est la même : « no comprendo... ». Dépité, se laissant aller à quelques insultes, le chef sollicite ses sbires leur faisant savoir qu'il n'y aurait rien à tirer de pauvres mecs comme nous. Il leur demande ni plus ni moins de nous foutre dehors à coups de pompe dans le cul. Il y a des phrases finalement assez universelles. Ses propos, je crois que je les aurais compris en ouzbek ou en tchétchène ! Libres, nous avalons le pont en un clin d'œil. Sait-on jamais ? La douane paraguayenne pourrait se raviser...

De retour à Posadas, nous avons le sentiment du devoir accompli dans cette province de Mission. Qu'y faire de plus ? Denis m'accompagne aussi pour voir du pays. Pourquoi ne pas rallier les fameuses montagnes de Jujuy ? Nombreux ont été les gens à les évoquer spontanément. Certains n'ont pas hésité à faire allusion aux nombreux Allemands venus s'y cacher après la guerre. C'est loin d'ici, mais des liaisons directes par bus en font un objectif rationnel. Et puis gagner la Cordillère des Andes est aussi l'assurance pour moi de garder Denis à mes côtés plus longtemps. J'ai la lucidité de mesurer qu'il me serait impossible de continuer sans lui. Par manque de courage tout simplement. La peur d'une solitude prolongée. La certitude aussi d'être plus vulnérable, plus exposé.

Nous célébrons notre liberté retrouvée dans un boui-boui du centre-ville, une gargote qui propose des « polo con papas fritas » (comprenez poulet frites) très bon marché. Immédiatement, alors que nous repoussons les limites connues de la satiété, nous choisissons de prendre le premier bus de nuit pour Salta, dernière grande ville du Nord-Ouest avant les montagnes.

– Ça va pas être du luxe, insiste Denis, de passer une nuit, au chaud sans maton, sans clochard, sans humidité. Tu vas voir, notre bus, on va le savourer comme le Hilton.

Effectivement, quelques heures plus tard, nous dormons comme des bienheureux dans la chaleur et le confinement d'un bus de ligne très confortable. Les films de Jean-Claude Vandamme, en boucle, ne suffisent pas à perturber un sommeil de plomb, dont les organismes avaient finalement grand besoin. Allez savoir pourquoi les Argentins en voyage raffolent littéralement des prouesses martiales du comédien belge ? Toute bonne compagnie de cars qui se respecte doit en avoir toute la filmographie. Le trajet durera une quinzaine d'heures. Quoique peu adepte du voyage en bus, j'aurais volontiers accepté qu'il soit deux fois plus long.

Quand nous approchons de Salta, la nuit est déjà tombée. J'adore ces arrivées diurnes. Engagé dans une longue descente, le bus domine toutes les lumières de la ville. On dirait une maquette. C'est un sentiment mélangé d'appréhension et d'excitation qui s'impose. Où allons-nous dormir ? Le coin sera-t-il sûr ? Je me méfie un peu de l'arrivée en gare routière. Je sais pertinemment qu'en débarquant ainsi, un peu déphasés, on offre une cible privilégiée à tous les larcins du coin. Le Routard nous annonce une grande ville paisible où il fait bon faire une halte, alors…

Un peu ankylosés par ce long trajet, nous

récupérons les sacs laissés en soute et optons pour le tout proche parc public pour finir la nuit. La température est clémente, l'atmosphère est bien plus sèche, et une vraie pelouse s'étale à nos pieds.

– Que demande le peuple ? interroge Denis tout heureux de dérouler son sac de couchage dans ces conditions. Dès le lendemain matin, nous misons sur l'office du tourisme pour nous familiariser avec la région. Curieusement, notre enquête n'est plus si obsessionnelle. C'est même pire, je sens mes ambitions s'évaporer à nouveau. Un peu comme si je les trouvais désormais sottes. Le voyage, la découverte de cette nouvelle région auraient-ils pris le pas sur l'objet même de notre venue ? Voilà ce nouveau ressenti contre lequel je ne me battrai pas. Bien sûr, nous avons soumis pour la énième fois la photo à quelques passants. Nous n'écoutions même plus les réponses tant celles-ci restaient linéaires. C'est décidé : dorénavant, on est là pour voyager et non plus pour chercher un disparu... D'autres touristes rencontrés au hasard de Salta nous recommandent les environs d'Humauaca, à quelques heures supplémentaires de bus. L'environnement naturel, disent-ils, y est tout simplement exceptionnel. Il ne nous faut qu'un regard pour acter le départ et mettre le cap plus à l'ouest. Nous apprécions le trajet en bus. En pleine journée, par un temps magnifique, des paysages grandioses se succèdent. Je réveille Denis toutes les cinq minutes m'extasiant devant un canyon, un marché, des cactus... Il simule une reconnaissance peu crédible, marmonne un « ouais, sympa » peu convaincu avant de replonger. Une même montagne s'habille ici tout à la fois d'ocres, de bruns, de jaunes, de verts pour une composition graphique hors du commun. C'est magnifique. Nous arrivons dans un bourg tranquille déjà investi par quelques touristes à en croire ces trois cars de voyage organisé, stationnés devant un restaurant. Denis surprend mon regard envieux :

– Te réjouis pas vieux… nous ne mangerons pas là ! Par contre bonne nouvelle, je viens de lire dans le guide qu'il y avait un camping.

Mon Denis est d'humeur badine aujourd'hui. Il chante, laisse onduler son corps généreux et me demande de le suivre comme s'il avait toujours vécu à Humauaca.

– Un jour j'irai à Huamuaca avec toi, toutes les nuits déconner… Chantonnait-il en singeant Jean-Louis Aubert avec une voix sciemment aussi grotesque que ses attitudes. Il est vrai que ces rues tranquilles dégagent quelque chose d'apaisant qui d'emblée vous enveloppe d'une douce sérénité. Seul le folklore manque au tableau. Rien de très exotique. Pour moi, les Andes signifiaient de facto ponchos et lamas qui crachent. Je n'ai jamais été très Lagarde et Michard, en revanche, je suis imbibé d'une culture Tintin moins intellectuelle. Et le souvenir du «Temple du Soleil » me rappelle à l'ambiance flûte de pan, aux bonnets andins qui recouvrent les oreilles et au ruminant qui aspergeait avec dédain et arrogance ce bon vieux capitaine

Haddock. Mais rien de tout ça ici. Si, il y avait bien quelques lamas. Pour le reste, rien de très typique.

Nous nous rendons dans ce camping, planté le long d'un rio quasiment asséché. Personne. Les installations paraissent à l'abandon.

– C'est bien ici, nous confirme un passant. Mais, les gars, nous rappelle-t-il, c'est l'hiver ! Le hors-saison ici ne fait pas dans la demi-mesure. Tant pis, on s'installe. Il n'y a pas d'accueil, pas âme qui vive, mais au moins ça ne nous coûtera rien. Rien ne semble entamer l'enthousiasme de Denis qui après Téléphone s'en prend à Patrick Juvet.

– Où sont les femmes... avec leurs gestes pleins de charme !

Voilà qu'il ironise à la cantonade sur ce camping un peu désolé. Une fois de plus, nous installons la tente avec quelques difficultés. Cette fois, nous sommes à peu près au point sur le sens du double toit, l'emplacement des différents nœuds mais le vent nous lance quelques défis supplémentaires, assisté d'un sol rocailleux qui rend difficile le planté de piquets. Une fois la tâche accomplie, nous gagnons les sanitaires du camping avec l'espoir d'organiser douche et lessive. La vraie douche chaude est encore reportée. Un mince filet d'eau glaciale assurera un service minimum. Nous profitons, jusqu'au soir, de moments de quiétude dans Humauaca. Étrangement, rendus peut-être plus sauvages par ce périple, nous prenons un soin particulier à éviter les touristes ; comme pour préserver l'intimité et l'authenticité de notre route.

C'est même aussi un peu comme si nous tenions rigueur à ces quelques Français croisés d'avoir, eux aussi, su dénicher ce coin perdu. Heureusement, nos moyens financiers ont l'art de nous éloigner sans délai des sentiers battus, notamment vers des restaurants moins fréquentés. J'ai pris le parti de ne plus soumettre la photo de mon père au hasard des rencontres. Je me contente de questionner, ici et là, sur l'éventuelle présence d'un Français dans le coin. M'affranchir de la démarche m'a libéré d'une espèce de tension que je vivais manifestement plutôt mal. Ce soir, j'ai plaisir à refaire le monde avec mon vieux pote, autour d'un Coca que nous mettons deux heures à boire, histoire de ne pas trop dépenser. Nous regagnons notre camping abandonné pour une nuit polaire face à laquelle nos duvets « premier prix » vont se révéler bien légers. Nous nous réveillons vers 2 heures du matin. Il gèle à pierre fendre. Impossible de manger nos biscuits. Glacés, ils sont en béton armé. Tout est frigorifié. Même la trousse à pharmacie nous serait inutile tant son contenu est gelé. Pourtant conçu comme un morse, Denis lui aussi souffre, grimaçant de ce froid douloureux. Je peux vous dire que ce gars est capable de barboter dans une eau de mer à 12 degrés comme vous dans votre baignoire. Et là, il me dit en baver. Si lui peine à faire face… on me retrouvera mort demain. Le souvenir de Posadas à côté, est celui d'une sinécure pour vieilles dames. Puis la nuit passe. J'ai réussi à m'endormir mais Denis n'a fini par trouver le sommeil qu'après le lever du soleil. Les premières lueurs réchauffent instantanément notre tanière. Ce soleil est bon. Il annonce une amplitude thermique importante entre le jour et la nuit. Je décide d'en profiter, laisse Denis à Morphée et part pour une balade en solo. À flanc de colline, la tente paraît bien dérisoire dans ce décor. Le rio s'étire désormais en un mince filet de glace que j'enjambe pour entamer cette marche et m'offrir ces rares instants de solitude. Après une bonne heure de marche, j'accède à un vaste plateau. Le spectacle est grandiose. L'immensité. La virginité. Le silence. J'adore. Je me sens seul au monde, seul devant cet infini mélange d'herbes, réparti en touffes aléatoires, et de pierres. Soudain, une indienne trouble ce sentiment d'absolu. Elle me semble vieille. Centenaire. Elle me rappelle ces momies incas retrouvées recroquevillées plus de cinq siècles après l'embaumement. Lourdement chargée, elle avance péniblement, un gilet coloré sur les épaules et un feutre bien enfoncé sur la tête. J'ignore où elle se rend mais je sais qu'elle n'est pas arrivée. Voilà la petite touche ethnique que je guette depuis notre arrivée à Huamauaca ! Il est temps de rejoindre Denis, il va s'inquiéter.

Sitôt mon camarade disposé à bouger, nous entreprenons de nettoyer la tente et de mettre de l'ordre dans nos affaires. Un couple nous aperçoit depuis la route. Amusé de voir Denis muter en Mary Poppins, il se dirige vers nous. Il y a là un homme et une femme, de notre âge vraisemblablement. Avenants, ils engagent immédiatement la conversation dans un français impeccable avec cet accent et ce ton bien hispanique. J'ignore si c'est flatteur ou non, mais apparemment, ils nous ont tout de suite jugés Français :

– Bonjour, d'où venez-vous, nous demandent-ils ?

– France ! Répondons-nous d'une seule voix, nous efforçant de dissimuler chaussettes et autres caleçons dispersés aux quatre vents.

La fille est très jolie. Immédiatement elle me détourne de ma tâche. Brune, les cheveux audacieusement courts pour la région, elle est métisse. Mélange de sangs indien et caucasien. Elle dégage intelligence et caractère. Je crois la cerner rapidement, peut-être bêtement encouragé par son charme. Son compagnon, lui-même, inspire l'échange et la discussion. Affable, il semble venu du même métissage. Tous deux forment un bien joli couple.

– Vous n'avez pas eu trop froid cette nuit, s'inquiète la jeune fille ?

– Si, ça a été un peu dur, mais bon… le jour finit toujours par se lever. Mais dites-moi, comment ou pourquoi parlez-vous tellement bien le français ?

– J'ai été fille au pair à Versailles pendant 18 mois. J'ai un petit peu oublié, mais ça va.

Chaque fois qu'elle sourit, deux petits plis creusent les versants délicats de son nez. Elle est très mignonne, décidément. Vous souvenez-vous de Gabriela Sabatini, la joueuse de tennis ? Et bien, la fille qui se tient devant moi est de ce style mais elle est encore plus belle, et plus menue. En plus, elle, je peux la regarder dans les yeux sans me tordre le cou. Parce que la championne sur terre-battue, je lui arrive péniblement au-dessus du nombril !

Tous les quatre faisons plus ample connaissance et décidons de nous promener ensemble dans Huamuaca. Ils ne forment pas un couple mais sont frère et sœur, en villégiature pour la semaine dans une maison de famille à Tilcara, à quelques kilomètres de là. Ils vivent à Cordoba où leur père serait un avocat renommé. Je les crois volontiers. Tout indique qu'ils sont d'un niveau social et culturel très élevé. Elle s'appelle Soledad Cruz-Veromonte. Ce patronyme est un voyage à lui seul. Il suffit à me faire vibrer. Lui s'appelle Gabriel. Ils nous témoignent une curiosité et une empathie spontanées. Au bout de quelques heures, nous comprenons bien mieux l'Argentine, ses codes culturels, son organisation structurelle, son économie, cet alignement fou du peso sur le dollar qui alourdit tellement le coût de la vie, ces programmes de privatisation des transports, ces conflits entre blancs et indiens, cette passion pour le foot. Et attention, n'allez pas dire à nos amis qu'ils sont sud-américains. Non, ça, c'est pour le reste du continent. Eux sont Argentins ! Cette fierté est plutôt touchante tant elle est naïve. N'y voyez qu'un chauvinisme débordant qui frise l'absurde quand on se hasarde à parler du dieu Maradonna. Lui est étudiant en droit. Probablement destiné à une carrière aussi brillante que celle de son père. Elle, étudiante en médecine, en 4e année. Nous avons affaire à l'élite sociale et culturelle du pays et le ressentons nettement dans nos échanges. Denis et moi n'avons, quant à nous, pas grand-chose de l'élite française, concédons-le. Pour autant nous apprécions particulièrement cette rencontre, qui nous extrait quelques temps du rudimentaire et du précaire qui nous accompagnent depuis notre départ.

Le courant passe décidément très bien avec Soledad et Gabriel, qui en rajoutent et nous provoquent sur l'amour porté à leur mère patrie. Le courant passe tellement bien qu'ils nous proposent le gîte et le couvert pour la nuit. Solé, telle qu'elle nous invite à l'appeler, nous indique que leur maison est largement assez grande pour nous accueillir, qu'il nous sera agréable de bénéficier enfin d'un vrai lit et d'une douche. Elle a remarqué, semble-t-il, que notre état laissait quelque peu à désirer. Pantalons cradingues et déchirés ici ou là. Cheveux indémêlables et rassemblés en un aggloméré plutôt détestable…

– Et puis, je vais pouvoir me remettre un peu au français. Vous allez me parler un peu de Paris, confirme-t-elle.

Bien sûr, je me garde d'évoquer l'objet premier de notre voyage. Je veille à ne faire aucune référence à mon père et vois que Denis l'a parfaitement compris. Lui-même ne s'engage pas sur ce terrain glissant. Je suis convaincu que ces précisions pourraient porter préjudice à la confiance que nos hôtes veulent bien nous accorder. Cette rencontre est une aubaine. Elle nous est précieuse. Salutaire même. Non seulement ces gens sont agréables mais ils nous offrent la possibilité de reprendre des forces et de retrouver un confort ponctuel que nous ne bouderions pour rien au monde. Quelques courses dans le centre et nous revenons les bras chargés de provisions sur le seuil d'une maison traditionnelle. Rien d'ostentatoire dans cette bâtisse à quatre chambres. Bien sûr, elle est parfaitement équipée, bien plus que la moyenne, d'une propreté irréprochable, fonctionnelle… mais l'essentiel est ailleurs. Ses larges fenêtres dominent une vallée magistrale. La perspective est époustouflante. Quelques lamas s'exhibent nonchalamment au premier plan, ignorant le panorama. Nous ne cachons pas notre enthousiasme, d'autant qu'il touche Solé et Gabriel, ravis de faire des heureux.

– C'est grandiose Solé. Merci, tout est très beau ici, lui dis-je grave. Je ne crois pas qu'elle l'ait compris mais cette remarque valait aussi pour elle.

La connivence s'installe durablement dans ce petit groupe à peine créé. Solé voit, dans la discussion, revivre ses bons moments parisiens. Elle nous interroge sur ce qu'elle appelle la plus belle ville du monde, rentre dans des détails assez déconcertants.

– Vous connaissez *Chez Georges*, rue des Canettes, dans le quartier latin, nous demande-t-elle très fière de tant de précisions ?

– Solé, *Chez Georges*, nous y avons passé des soirées entières… lui répondis-je enjoué.

– J'adorais ce coin entre Saint-Sulpice et les jardins du Luxembourg.

Solé évoque en détails les souvenirs de sa vie parisienne. Et souvent, son enthousiasme laisse s'échapper la nostalgie. Puis la discussion prend des tournures très diverses. Cette première soirée à Tilcara est celle d'amis de vingt ans. On rit aux larmes. On se chambre. On mange sans retenue… Je me sens bien. Léger. Heureux. La nuit, enfin, finit de me bercer avec volupté. Coincé dans le moelleux d'épaisses couvertures, disposant même de ma propre chambre, je m 'endors avec le sourire de Solé à l'esprit. Plus qu'une bouillotte, il me chauffe le cœur. Je n'aspire à rien. Simplement, je me satisfais de l'avoir trouvé. Je me satisfais de sa capacité à me régénérer, à m'éclairer.

Le lendemain, dès le petit déjeuner, nous bâtissons

tous quatre le programme de la journée. Nul n'évoque le départ des uns ou des autres, comme si l'évidence était dans la durée de notre coexistence. Il y a quelques menus travaux à engager dans la maison et le jardin. Il y a des balades à faire, le musée de Tilcara à visiter, des courses à prévoir… Le temps file et chacun participe avec bonheur à cette vie collective. Mieux, les jours et les nuits s'enchaînent. Ils ne démentent pas l'idée que nous nous sommes faite de Solé et Gabriel dès la première minute. Nos hôtes sont par ailleurs un bon public, toujours hilare devant la production presque scénique de ce « françès » tandem. Plusieurs fois, Solé et moi nous sommes retrouvés seuls à la veillée. C'est curieux, je ressens une espèce d'harmonie à laquelle j'ai la vanité de ne pas la croire indifférente. Ce soir, nous sommes assis sur les marches, face à la vallée. Solé porte son gros pull de laine de lama et son jean délavé. J'adore quand elle est habillée comme ça. J'ai l'impression de vivre avec elle. Elle a froid. Moi aussi. Pourtant, nous pourrions rester des heures à regarder au loin. À plusieurs reprises, nos mains s'effleurent pudiquement. J'y vois le contexte d'une hardiesse désormais plus légitime. J'approche mon visage de celui Solé, le regard aussi explicite que possible, expressif à la caricature, je le crains. Faussement ténébreux. Puis ce premier baiser m'est offert comme un cadeau venu d'ailleurs. Avec tendresse et complicité, il vient me souhaiter bonne nuit et clore la soirée. « C'est tout ? » me dis-je d'abord étonné.

L'éclat doré d'un dernier regard, son intensité me transpercent et nourrissent soudainement une grande fierté ; celle un peu machiste, je le confesse, d'une conquête hors catégorie. Ainsi posés sur moi, les yeux de Solé m'apparaissent alors aussi chers que le contact de ses lèvres. Je suis seul désormais. Tout le monde dort. Mais je roule des mécaniques, ragaillardi par un regain de confiance narcissique et disproportionné, une réussite que je m'attribue en partie, ne parvenant pas à expliquer rationnellement l'autre partie. Je suis béni ! Moi l'hérétique, le païen qui ne mérite que le feu pour mes blasphèmes répétés... j'en viendrais presque à remercier Dieu, Buddha, Jupiter... Ce sera finalement le lama tout juste à ma droite qui récoltera mes hommages et remerciements les plus solennels. Je suis l'homme le plus heureux du monde et il faudra vite partager ce sentiment. Au petit matin, mon fidèle Denis, sitôt sa phase de réveil officiellement terminée, sera le candidat tout trouvé pour écouter mes juvéniles et orgueilleuses confidences. Évidemment, il aura commencé par un :

– Sam, t'es lourd... tout se passait super bien !

– Bon, en même temps, poursuit-il, elle est « mimi » comme tout la Solé. Je te demande juste de ne pas sombrer dans le plan « love transi » et tout le tralala.

– T'inquiète Denis. Tu me connais...

Les jours qui suivent n'ont pas à souffrir de ma relation avec Solédad. Gabriel, qui a été informé de cette histoire naissante par sa sœur, ne la voit pas d'un mauvais œil. Je crois même que ça nous a rapprochés, au prix de viriles tapes dans l'épaule, signe de notre complicité ; un peu comme si j'étais intronisé depuis peu « membre du clan ». La vie est douce. J'ai l'impression que je pourrais passer des mois ici. Doux rêve parce que Solé et Gabriel repartiront bientôt vers leur vie quotidienne. Voilà une douzaine de jours que Denis et moi nous faisons entretenir, compensant tant bien que mal nos faibles moyens financiers, en nous démenant notamment aux tâches ménagères. Ce soir, je me sens rattrapé par la réalité. Tout le monde est couché. Je m'assois sur les marches. Elles sont mon Cannes à moi, les marches de mon récent triomphe. Le lama qui fut témoin de ce premier baiser, de ce succès promis à l'éphémère ne me fait plus le privilège de sa présence. Je suis seul et rumine mes angoisses.

Qu'allons-nous faire ? Allons-nous reprendre la route et notre recherche ? Suivre Solé jusqu'à Cordoba ? Rentrer à Paris ? Le décor était jusque-là bien rose, mais il prend désormais les traits d'une impasse. Et si l'utopique quête d'un père disparu m'avait finalement amené à un tout autre graal. Et si mon père, depuis une autre dimension, « l'au-delà » dit-on, était parvenu à mettre Solé sur ma route ? Et si c'était un signe dédié à lancer ma vie ? Je ne sais plus. Tout est confus.

Soudain une voix d'enfant me fait sursauter :

– Solé, Solé, Solé,… ! s'écrie un gamin sorti de nulle part. Ce môme est terrorisé. Il se lance dans une explication rendue chaotique par la panique, un charabia que je suis bien incapable de décrypter. Un accident... Ça semble grave... Le gamin râle devant mon inertie. Il me secoue les manches et répète « Luccho, Luccho... ». Solé, alertée par le bruit, ne tarde pas à venir. Elle prend soin de calmer l'enfant en pleurs, de le rassurer et ses mots deviennent enfin audibles.

– Solé, rien de grave ? C'est qui ce Luccho ?

– C'est un paysan du coin. Le petit, c'est Tatcho. Il habite un peu plus loin.

– Et ?

– Luccho s'est fait agressé dans sa bergerie. Il faut y aller. Apparemment, il saigne beaucoup et a perdu connaissance. Tatcho dit même qu'il est peut-être mort.

– Il faut appeler les secours !

– T'es pas à Paris ici. Il n'y a pas de téléphone. Le premier téléphone est au village. Quant au premier hôpital, il est encore plus loin et Luccho est pauvre. Il faut y aller d'abord. »

Solé est calme. Sa voix reste douce, posée.

Denis et Gabriel nous rejoignent, inquiets d'une telle effervescence nocturne. La bergerie n'est qu'à une trentaine de minutes en marchant d'un bon pas et en coupant par la colline voisine. Très vite, chacun enfile un pantalon et des baskets et le groupe se met en route, équipé d'une puissante lampe-torche. Solé, sur le chemin, me dit maîtriser parfaitement les lieux pour y avoir joué enfant :

– Je ne connais pas ce Luccho, mais les

descriptions de Tatcho ont été suffisamment précises. Je vois où se trouve sa bergerie. Nous y serons vite. Je prends avec nous le seul matériel médical à disposition dans la maison.

La lampe nous est utile. Elle ménage nos pas et épaule un puissant clair de lune. J'ignore si c'est spécifique à hémisphère sud, mais je suis chaque nuit frappé de voir toutes ces étoiles flirter avec la ligne d'horizon. Nous marchons bon train. Je sens Denis tirer la langue, mais il s'accroche.

– Y a dix minutes, je dormais comme un loir et je me balade maintenant à moitié à poil pour un footing nocturne ! J'aurais pu faire mon service militaire. À côté de ces vacances, ça aurait été de la rigolade. Même la légion ! peste Denis.

– Que dit-il, s'inquiète Gabriel qui ne tendait pas suffisamment l'oreille.

– Il espère que ce ne sera pas trop grave, lui dis-je pour simplifier.

Perdue en pleine nature, se dessine enfin la bergerie. Sommaire, faite de bois et de pierre, cette simple cabane sculpte dans l'obscurité une forme singulière avec une large charpente de toit qui descend quasiment jusqu'au sol. Une timide lueur s'échappe de sa seule fenêtre. Elle vacille. Une lanterne ou une bougie. Comment d'ailleurs pourrait-il y avoir ici l'électricité sans un bruyant générateur ? Or, il n'y a pas d'autres bruits que ceux réguliers de nos pas. Nous nous présentons devant une porte grande ouverte. Couché sur le flanc, immédiatement contre cette grossière planche faisant office de porte, gît un vieil homme. Il ne bouge pas. Son visage est tuméfié, « œdèmatié ». Ses vêtements déchirés. Son menton baigne dans une imposante marre de sang, à même le sol. Je le crois mort mais Solé nous rassure en prenant le pouls du vieillard. Elle lui parle, s'efforce sommairement de nettoyer ses larges plaies. Son corps tout entier a été martyrisé. Il a été torturé. Ces bras montrent des brûlures et des lacérations. Ses pieds sont nus, ses orteils noirs et bleus, probablement cassés pour certains. L'homme ne bouge pas, ni ne réagit aux soins prodigués par Solé, qui pourtant continue de lui parler. Gabriel s'affaire avec elle, tandis que Denis et moi demeurons très statiques, un peu tétanisés, en tous cas complètement inefficaces et improductifs. Qui peut en vouloir à ce point à ce type ? Ce ne peut être un vol, il n'y a absolument rien à prendre ici. L'homme, par quelques grognements, nous montre qu'il est bien vivant, incapable ni de parler, ni de nous voir tant son visage est amoché. Ensemble, nous le plaçons sur la couche rudimentaire qui occupe le fond de la bâtisse et le veillons jusqu'au petit matin. Je ne suis pas convaincu du caractère scientifique du diagnostic de Solé, mais elle est formelle : il ira mieux demain.

– Veillons-le jusqu'au matin et nous ferons le point, dit-elle avec une autorité que je ne lui connaissais pas.

Il était plus sage de rester tous les quatre, ne sachant pas encore ce qui s'était passé dans cette modeste bergerie. Les agresseurs pourraient ressurgir. Les heures passent péniblement et Solé prend un soin particulier à nourrir un monologue plus ou moins inspiré, à l'attention d'un patient désormais grelottant. Gabriel et Denis se sont endormis, chacun la nuque calée sur l'épaule de l'autre. Ce n'est que bien tard dans l'après-midi suivant que le berger commence à reprendre ses esprits. Il réclame à boire et fait savoir qu'il a peur. Peur que ces agresseurs ne reviennent manifestement. Tatcho est venu prendre des nouvelles, il a même fait deux fois le chemin pour amener du pain, du maté et du lait. Ce ravitaillement contribuera au relatif mieux-être de Luccho. Bientôt, les secours seront là.

Le soir, de retour à la maison de Tilcara, l'atmosphère est inhabituelle. Il n'y pas plus de rires. Personne ne parle. Chacun reste choqué par cette violence bestiale, facile, lâche. Ce paradis a ses failles, ses voyous, ses tyrans. Solé rompt le silence et nous précise son intention de rendre visite à Luccho au lointain hôpital de Salta :

– Si vous êtes d'accord on y va après-demain, le temps qu'il se remette. D'après Tatcho, il n'a personne. Nous devrions être sa seule visite. Et je suis trop impatiente de savoir s'il se remet et si les médecins imaginent des séquelles.

Voté, à l'unanimité !

À Tilcara et dans les environs, tout le monde ne parle que de ça. Les rumeurs voudraient filer bon train mais l'inspiration manque à tous. Même les plus fantasques peinent à trouver des explications au drame de Luccho. Nous entendons parler d'une bête féroce et mystérieuse venue des montagnes, nous entendons parler d'esprits maléfiques, et plus plausible, nous entendons aussi parler de deux hommes en 4x4 a priori à la recherche de quelqu'un ou quelque chose, Luccho vraisemblablement. Une femme aurait vu ces deux hommes à l'entrée de Tilcara. Puis une rumeur s'intensifie... celle, tragique, de la mort de Luccho. Rapidement le père de Tatcho vient nous confirmer la maudite nouvelle. Solé s'effondre littéralement dans mes bras autant sous le coup de la nouvelle que sous celui plus sournois de la culpabilité :

– Je n'ai pas fait ce qu'il fallait, assène-t-elle à plusieurs reprises.

La colère succède à la tristesse :

– Allons voir Maria à l'entrée du village, c'est elle qui a vu, dit-on, ces deux types bizarres rôder dans le secteur.

Gabriel tente immédiatement de tempérer sa sœur, exceptionnellement ni en français ni en anglais mais bien en espagnol. Nous le comprenons malgré tout sans difficulté :

– Tu n'as aucune responsabilité à endosser. D'abord parce que tu n'étais pas seule et que nous avons cautionné chacun de tes gestes. Ensuite parce que tu as tout fait pour porter secours à Luccho. Nous ne pouvions rien faire de mieux. Et ce n'est pas en cherchant qui a commis ce meurtre, puisque c'en est un, que tu rendras la vie à Luccho.

On va à la police. On explique ce qu'on sait. Ce pourrait être utile à leurs investigations et basta !

– Tu as probablement raison mais j'irai quand même voir Maria, avec ou sans toi. J'ai besoin de me figurer le visage de ces barbares. Même si les tortionnaires ne sont pas les hommes qu'elle me décrira, ça m'aidera. Je te promets que ça m'aidera.

Gabriel obtempère et nous nous retrouvons quelques minutes plus tard devant cette « mama » argentine au verbe haut : Maria. Affublée d'une espèce de foulard sur la tête, elle parle vite et fort. Solé a toutes les difficultés à assurer une traduction simultanée. Et, cette fois, Denis et moi ne comprenons absolument rien.

– Maria a vu deux Russes. Des types de l'Est en tous cas. Elle n'en est pas sûre. Les Russes ne courent pas les rues dans la région. Des grands costauds, blonds, les cheveux coupés très très courts, la mine peu sympathique. Ils n'ont interrogé personne mais, à bord d'une puissante voiture, ils semblaient chercher leur chemin, virant à gauche, à droite, faisant demi-tour puis à nouveau demi-tour. Ce n'était pas des touristes. Maria est catégorique. Pas de valises, pas d'appareil photo, pas d'intérêt porté au village… La poussière soulevée par la voiture lui a permis de suivre longtemps du regard l'itinéraire enfin décidé par les deux hommes. Pour elle, aucun doute, ils allaient chez Luccho.

Toujours rongée par ce sentiment de culpabilité, Solé après avoir pris soin de restituer en détail le témoignage de Maria, propose de retourner à la bergerie. Comme une immense majorité des Argentins, Solé a été élevée dans la pratique fervente de la religion catholique. Elle me dit avoir besoin de se recueillir, de prier pour Luccho, de lui demander pardon aussi de n'avoir pas su le sauver. Denis et moi sommes d'accord évidemment pour retourner sur les lieux.

Nous y parvenons en fin d'après-midi. Les lumières rasantes et crépusculaires forcent les contrastes et allongent les ombres portées. Je ne m'en étais pas préoccupé mais l'endroit est beau. La bergerie porte encore les traces des violences qui y ont été perpétrées. Solé et Gabriel ont emporté des bougies et une illustration du Christ, image un peu baroque qu'on retrouve souvent accrochée aux tableaux de bord des chauffeurs-routiers du coin. Tous les quatre formons un arc de cercle à l'entrée de la maisonnette, le dos tourné à l'entrée. Je sens Gabriel et Solé plongés dans des prières qui les enferment, les élèvent peut-être... Ils ne sont plus tout à fait là, entièrement dédiés à Luccho ou à Dieu. Incapable d'un tel travail spirituel, j'adopte une posture analogue, mains jointes devant moi, tête penchée vers l'avant, regard porté vers le sol. Je voudrais parvenir à tant de méditation, tant d'abnégation mais ce n'est pas dans mes cordes et je sens bien que Denis éprouve un sentiment voisin. Soudain, mes yeux, depuis quelques secondes fixés sur le coin droit de la pièce s'arrêtent sur un détail qui m'apparaît immédiatement familier. Tellement familier que je peine à contenir ma surprise et réfrène une réaction trop violente, impropre au caractère feutré de ces instants. Dès que Solé et Gabriel sonnent le retour possible de la parole et du regard, je demande à Denis de me rejoindre dehors.

– Rapplique, faut que je te parle.

Denis s'exécute sans traîner.

– Tu vas me prendre pour un fou !

– Comment pourrais-je… ?

– Mon père… !

– Quoi ton père ?

– Il est venu dans cette bergerie.

– Tu déconnes ? Qu'est-ce qui te fait dire ça ?

– Regarde au pied de la chaise traîne un bout de papier. Tu verras la façon dont il est roulé. Je ne connais qu'un homme capable de triturer un bout de papier de la sorte !

Je ne peux poursuivre mes explications. Denis est déjà retourné dans la bâtisse d'où il ressort en une fraction de seconde.

– Tu parles de ça, me demande-t-il en me présentant le papier concerné ?

– Oui, je parle de ça. Mon père depuis qu'il avait arrêté de fumer avait pris l'habitude de rouler des feuilles de papier d'une dizaine de centimètres, avant de les porter à sa bouche comme on le fait avec un stylo. C'était devenu une espèce de toc, le genre de truc que tu fais systématiquement sans même t'en rendre compte. Regarde bien la façon dont ce papier est plié avant d'être roulé. Ne me demande pas pourquoi, mais les plis marquent d'abord un losange, puis une fois le papier roulé, l'extrémité de la feuille est repliée deux fois. Tu plies comme ça toi quand tu roules une feuille de papier en téléphonant ou en réfléchissant ? Non, tu fais comme tout le monde, tu te contentes de faire de ton post-it une espèce de cône. Et bien mon père, lui, suivait tout un cérémonial pour en arriver à ça.

– Putain… t'es sérieux ?

– Tout ce qu'il y a de plus sérieux. Mon père est passé ici.

– Mais si c'est le cas, ça veut dire que Luccho n'était peut-être pas la cible des deux bourrins.

– Faut que je parle à Solé.

Denis me laisse rejoindre nos amis. Il semble atterré. Il remet sa casquette, l'enlève, se gratte le sommet du crâne, la remet dans un autre sens avant de l'enlever une nouvelle fois. Clairement, mon exposé l'a perturbé. Moi-même ai le cœur qui bat la chamade. J'ai envie de remuer ciel et terre, de faire vite, de me précipiter, sans savoir par quel bout commencer.

J'invite Gabriel à venir entendre ce que j'ai à dire à Solé. Tous deux m'écoutent attentivement. Depuis la disparition de mon père en mer jusqu'à nos aventures communes, ici aux environs de Tilcara, je leur livre tout. Solé me prend la main et m'adresse des regards bienveillants, sans jamais m'interrompre. Ils comprennent très bien que j'ai pu préférer taire mes recherches. D'autant que ces derniers jours m'ont clairement détourné de mes objectifs. Puis Solé me questionnant sur mon père en vient à évoquer le sien et sa venue à Tilcara programmée, je l'apprends, dès demain. Vraisemblablement l'idée de me présenter à lui ne lui pose aucun souci. Je suis plus circonspect. Et ce ne sont pas les circonstances qui font problème, le mort, le disparu. Non, c'est juste que les présentations officielles, c'est pas mon truc. Je suis fier de cette heureuse conquête, mais n'exagérons pas, nous ne sommes pas à la veille du mariage.

Jusqu'au lendemain, nous échangeons sur nos pères respectifs. L'arrivée imminente du patriarche argentin invite à nous épancher un à un sur nos vécus, sur le profil de pères que tout oppose. Solé et Gabriel racontent une enfance dorée, toute la prévenance d'un homme soucieux d'unir sa famille derrière lui, de la protéger et de lui garantir des moyens financiers conséquents. Malgré toute l'affection avec laquelle ils s'emploient l'un et l'autre à le dépeindre, leurs éloges me parviennent péjoratifs. Ils confortent mes a priori et sculptent un personnage que je crois déjà connaître. Très actif, il entretient un réseau social « clanique » qui veille précautionneusement à préserver ses pouvoirs, son rang, ne fédère que ses semblables et nourrit son influence locale. La bienveillance familiale affichée est largement cultivée par l'image qu'elle renvoie au sérail bourgeois. L'homme fait manifestement figure de notable à Cordoba, comme les riches de Maupassant dans le vieux Paris ou le bocage normand du XIXe. Infondé et gratuit, mon ressenti façonne cet homme comme le négatif ou le contrepoint de mon propre père. L'importance accordée au statut social, à la vitrine locale, à la posture du père idéal, à l'organisation familiale sans faille et vertueuse. Mon père, et je le savais bien avant cette aventure, ne s'en préoccupait guère. Plus sarcastique que « clanique », il s'était affranchi des devoirs dus aux regards et aux jugements de la collectivité.

Sur le coup de 14 heures, une berline noire aux vitres fumées s'arrête devant la maison.

– Voilà papa ! s'écrie Solé enthousiaste.

Sort un homme massif, imposant, plutôt corpulent, une espèce de panama ivoire sur de longues mèches poivre et sel.

Solé, Gabriel, Denis et moi constituons un comité d'accueil digne d'un chef d'état, en ordre serré. Nul n'a le temps de prendre la parole. Une large main m'est présentée et avant même que je ne la serre, l'homme s'adresse à moi dans un français quasi-parfait :

– Vous devez être Sam. Je suis très heureux de vous rencontrer. Je suis Ernesto, le papa de Soledad. Et vous, vous devez être Denis. Enchanté ».

Chaleureux, l'homme nous jauge rapidement. Il a veillé à nous libérer immédiatement d'une inutile pression avant d'embrasser ses enfants. Il inspecte la maison, se soucie de notre confort, des nouvelles du voisinage, de la santé des lamas. Jovial, un tantinet précieux, il attendra que nous soyons tous attablés autour d'un rafraîchissement pour entrer dans le vif du sujet.

– Sam, Gabriel a pris soin de me rendre compte

des événements récents par téléphone. J'ai cru comprendre que vous étiez sur les traces de votre père, père porté pour mort, peut-être à tort.

J'acquiesce d'un simple signe de la tête et d'un sourire. Je le laisse poursuivre.

– Je ne voudrais pas me montrer indélicat mais dites m'en plus sur lui. Quel homme est-il ? De quoi vit-il ?

J'observe qu'Ernesto utilise le présent, probablement pour me ménager et sembler ne pas parler d'un défunt. Je balbutie un portrait mail taillé, ne sachant trop sur quel pied danser. Je crains les jugements portés sur mon père et par ricochets sur moi. Tout le monde m'écoute attentivement. Je ne suis pas très à mon aise et Ernesto de conclure :

– Il sera fier d'apprendre que son fils a été capable de parcourir le monde pour le retrouver !

Ernesto poursuit, plus grave :

– Les enfants, j'ai des informations complémentaires. Mon cabinet a joint l'hôpital de Salta. L'homme agressé a pu parler : l'étranger aurait quitté le pays. Il serait en Angola ! Nous ne savons rien de plus.

Nous sommes stupéfaits ! Mon père est peut-être vivant et j'apprends qu'il aurait changé de continent avec une armée de tueurs aux basques ! Denis se laisse aller à quelques commentaires :

– Ça pouvait pas être la Suisse romande, la Floride, j'sais pas moi, les îles anglo-normandes… mais l'Angola ! Putain, l'Angola !

– Que pensez-vous faire ? me lance Solé.

– Ce n'est pas envisageable de poursuivre

l'aventure en Afrique. Nous n'en avons pas les moyens.

– Je ne suis pas sûr qu'il s'agisse seulement d'un manque de moyens. C'est l'Angola ! J'ai pas franchement envie d'y traîner mes guêtres. C'est vrai que de toutes façons, à part y aller en kayak, c'est pas avec la monnaie qu'il y a sur nos comptes en banque qu'on peut envisager la ligne improbable : Buenos-Aires / Luanda, proteste Denis. Et puis on ferait quoi une fois sur place ?

Ernesto reprend la parole opportunément, saisissant la balle au bond :

– J'ai peut-être une solution pour vous acheminer gratuitement dans le secteur. Je connais bien le responsable des marchés sud-américains de la compagnie nationale d'Afrique du Sud. J'ai eu l'occasion de démêler pour lui un épineux litige, je suis sûr qu'il vous fera embarquer sur un vol peu rempli. Vous arriverez assez loin de votre destination finale, à Johannesbourg ou au Cap. Une fois sur place entre trains et taxis-brousse vous devriez vous en sortir à moindre coût. Vous êtes débrouillards. La preuve, vous êtes arrivés jusqu'ici !

Nous sommes perplexes. Denis gonfle ses larges joues et se prépare à un soupir plus large encore. Il se dit qu'il va encore se faire embarquer sur un plan scabreux. Le pire qu'il a eu à endurer depuis qu'on se connaît !

– Je te préviens, tu l'envisages même pas Sam. Ras-le-cul, me lance-t-il menaçant !

– Et toi Solé, t'en penses quoi ?

– Es-tu capable de vivre sans te demander chaque jour si tu n'aurais pas dû y aller ?

– Sam… ! insiste Denis, l'œil en colère.

– Denis, je te propose qu'on y réfléchisse cette nuit.

– Gabriel et Solé repartiront de toute façon à Cordoba ce soir, avec moi, précise Ernesto. Le temps que ça se tasse. Je ne tiens pas à les savoir seuls ici ces jours-ci, après ce qui s'est passé.

La conversation cheminant, il apparaît de plus en plus net que le service proposé n'est pas si charitable que de prime abord. L'homme se satisfait plutôt bien d'éloigner de sa fille le bellâtre bon marché, le dragueur de seconde zone, le gendre à ne surtout pas choisir, le mauvais parti qui tire probablement parti d'un malentendu. Et a priori, coller l'Atlantique Sud entre sa fille et moi… ça lui va.

Il ne nous faudra que 4 jours pour être au terminal 2 de l'aéroport international San Martin en partance pour Johannesburg. Soledad est là bien sûr. La séparation n'est ni larmoyante, ni déchirante. Denis s'est écarté, nous laissant l'intimité des derniers mots, des derniers regards.

– Sam, je ne sais pas pourquoi, mais je ne la sens pas cette balade en Afrique.

Il semble presque résigné devant nos prochains déboires. Fataliste. Comme si nous tendions le bâton pour nous faire battre. Il faut dire que nous faisons ici figure d'invités mystères, sans guide, sans préparation aucune…

L'atmosphère est particulière dans cette vaste gare centrale de Johannesburg. Des familles entières, chargées de plus de paquets qu'un régiment entier ne pourrait en porter, attendent sur les quais ou dans le hall principal d'hypothétiques trains. Les horaires des rames à l'arrivée ou en partance semblent plus qu'aléatoires. Les lieux exhalent une confusion nonchalante. Nous peinons à trouver le guichet et demandons quels sont les prochains trains pour le nord et plus précisément pour la Namibie, seule étape avant l'Angola. Soucieux de préserver notre maigre fortune, nous préférons multiplier les détours ou les haltes, et entreprendre le voyage le moins onéreux possible. Tant pis pour les délais. Ils me navrent, me déchirent même, tant l'envie d'arriver vite à destination m'oppresse.

Mon père est peut-être vivant. Peut-être est-il menacé. Que sont les 2.500 francs d'un vol Johannesburg / Luanda ? La « résurrection » d'un père, comme disait Solé, aurait-elle un prix ? Non bien sûr, mais il me faut rationaliser ma réflexion et, une fois n'est pas coutume, prendre du recul sur les événements et leur suite. Je n'ai pas la certitude formelle que l'homme qu'a recueilli Luccho était bien mon père. Si le diagnostic ne souffrait en Argentine d'aucun doute possible, les jours se succèdent et viennent progressivement, sournoisement, jeter le doute et par là même le trouble. Alors, je crois utile de miser sur la patience, la raison mais aussi la durabilité et la viabilité de notre aventure. Parce que nous avons fait un point sur les finances. Et le moins qu'on puisse dire est qu'il nous faudra être économes. Le strict minimum ; d'autant que nos recherches pourraient s'étirer sur de longues semaines. Denis et moi ne nous sommes pas fixés de date butoir mais nous aurons cette discussion un jour. Forcément. Se posera d'ailleurs la question du financement du vol retour pour la France. En tout état de cause, ça s'annonce compliqué. La cagnotte commune déposée sur le compte bancaire a déjà largement fondu. D'après les savants tableaux de conversion de Denis, elle affiche ce jour un crédit estimé à 1.500 francs, à peine plus de 200 euros. Nous devons vivre à deux sur ce butin, nous loger, manger, nous déplacer et penser à rentrer. Impossible selon Denis qui, pragmatique, m'indique déjà ne pas pouvoir envisager une seule seconde mobiliser ses proches sur un plan Western Union, l'aide financière à distance. Pas plus que moi d'ailleurs... ni dans la culture, ni dans les moyens familiaux. Comment en vouloir à quiconque ? Tous me croient en vacances, parti pour me libérer de souvenirs difficiles. Je n'ai pas l'envie, à ce stade de nos investigations, d'aviser oncles, tantes, cousins, et autres grands-parents de cette folle quête. Même ma mère ne sait rien de cette affaire. Les en avertir m'aurait exposé au scepticisme facile, aux mises en garde, aux questions et aux jugements. Peut-être ce sentiment viendra-t-il à changer au fil des circonstances... mais j'ai toujours beaucoup de pudeur et de retenue dans mes relations familiales. Par nature me semble-t-il. Ma nature plus que celle de mes consanguins, pourtant proches et attentifs. Les sermons de mon père ont sans doute cultivé cette réserve. « Ne compter que sur soi », « n'être pas redevable, jamais »... ces préceptes mille fois repris dans mon enfance ont très certainement façonné mes pensées. Je dois reconnaître y souscrire volontiers, dénigrant avec suffisance les jeunes de notre âge dont le seul mérite reste d'être la progéniture de parents trop bienveillants, trop cléments souvent. Remarquez d'ailleurs comme, dans une immense majorité des cas, les enfants trop gâtés n'ont pas la délicatesse de la reconnaissance. Non, leur condition est un dû. Il ne saurait en être autrement. Denis et moi tâchons d'être d'une autre trempe. Celle de ceux qui se sortent du pétrin tous seuls. Nous avons indéniablement l'art de nous y mettre. Peut-être aurons-nous celui de nous en sortir...

Un prochain départ est prévu à 14h30 pour De Aar. C'est encore l'Afrique du Sud et non la Namibie. Mais de là, si l'on en croit le guichetier, nous devrions trouver sans difficulté un bus reliant la capitale namibienne Windhoek. Nous demandons à notre interlocuteur deux tickets 3e classe. L'agent ne consent d'abord pas à nous les vendre. La conversation est impossible. L'homme ne parle que l'afrikaans. Autant l'espagnol d'Argentine distille une petite musique rapidement audible pour les latins que nous sommes, autant le très guttural afrikaans nous laissera définitivement hermétiques. Pire que l'allemand ! Nous insistons. Il nous pousse probablement à la consommation. À moins qu'il ne voie en nous, des jeunes Français inconscients ou franchement déconnectés des réalités du pays.

– On est des baroudeurs mon gars, on vient de se taper l'Argentine, lance Denis avec autodérision.

Le type lève les yeux au ciel, soupire et semble nous répondre qu'après tout ce n'est pas son problème. Il nous jette avec désinvolture les tickets convoités. Départ 14h30, voie 8. Ça nous laisse 2 heures ; suffisant pour aller retirer de l'argent. Le seul distributeur automatique de billets recrache à deux reprises la carte bleue de Denis (la seule à disposition, rappelons-le). Il est risqué de se hasarder à une troisième tentative. Prudents, presque fiers de cette mature précaution, d'une sagesse enfin acquise, nous préférons sortir de la gare et gagner une banque voisine. Elle est à 200 mètres à peine.

– Prenons assez de liquide pour être tranquilles. C'est l'Afrique, il ne devrait pas y avoir de distributeur automatique à tous les coins de rue ! Et puis, les banques prennent des commissions sur chaque retrait. Il vaut mieux retirer une fois beaucoup d'argent que plein de fois des petites sommes... expose Denis avec ce petit ton magistral de spécialiste en système bancaire international. Très vite, nous voilà pourvus d'assez de rands sud-africains pour tenir au moins dix jours, d'après les estimations prévisionnelles et budgétaires de notre économiste. Denis poursuit son exposé à mesure que nous traversons le parvis dans l'autre sens :

– Je te le dis Sam, les banques se foutent du monde. Un jour, pour avoir trop tiré sur la corde, c'est tout le système financier qu'elles feront sauter. Tu verras qu'à côté, la crise de 29 c'était de la rigolade. Du pipi de chat. Ils se font du fric en se refilant des actifs pourris, en concentrant les pouvoirs, mais un jour, j'te le dis ça va péter. Et alors là, les riches d'hier seront aux abois. Tu te souviendras qu'un prophète te l'avait dit en 1993. Faudra faire un plan Marshall de la finance, un grand emprunt, des grands travaux... Mais pourquoi faut-il toujours attendre que ça pète pour... Denis n'a pas fini sa dissertation que cinq gaillards nous sautent sur le dos. Les images se saccadent. Le temps s'immobilise ou s'accélère, je ne sais trop. Denis est projeté au sol par trois d'entre eux.

Le poids de son sac à dos le paralyse. Il est comme une tortue qu'on aurait retournée. Dans la rixe, je l'entends se débattre, gesticuler, crier, s'arque-bouter sur son sac banane. Nous nous prenons des coups mais en donnons aussi, par réflexe plus que par courage. Rien à voir avec une bagarre de saloon, les gestes sont brouillons et désordonnés. Ils sont déterminés aussi ; déterminés à ne pas laisser ces cinq jeunes types tout nous dérober et mettre fin au voyage. Voyant notre ardeur à résister, nos assaillants renoncent et détalent soudainement chacun dans une direction différente. Prévenue par des passants, une espèce de milice locale se porte à notre secours tandis qu'une partie de ses effectifs course les voyous. Denis se relève péniblement. À nos pieds, le contenu d'un sac de provisions est éparpillé sur le sol. Des bouts de vêtements déchirés scénarisent l'échauffourée récente. Une estafilade endolorit par picotements le haut de mon bras. Je mesure que l'altercation aurait pu beaucoup plus mal tourner. L'un de ces gars avait sorti son cran d'arrêt. Denis et moi faisons l'inventaire. Il n'y a pas de bobo méchant. Il n'y a pas de vol non plus. Par chance, nous avons tout conservé. Mieux, cocasse même, nous trouvons à nos pieds la montre d'un ces maudits dont le bracelet a cédé ! Bienveillants, les hommes du groupe de sécurité insistent pour nous conduire au poste de police pour une déposition qui contribuera, selon eux, à « l'amélioration de la sécurité et donc au développement touristique de leur pays » ! Nous nous exécutons et nous retrouvons dans une caravane, oui, une caravane de police, juste à côté de la gare. L'une de celles que l'on trouve au camping de Palavas-les-Flots. La déposition faite à la hâte (nous avons un train à prendre, ne l'oublions pas), le policier tente de nous retenir un peu plus longtemps. Dans un anglais pire que le nôtre, il argumente avoir une opportunité à nous soumettre, quand brusquement les hommes de cette étrange milice font irruption, ramenant tel un trophée, l'un de nos agresseurs. L'autorité est blanche dans cet étrange poste de police. La délinquance qui y est livrée est noire. S'en suit, dans l'étroite caravane, une bastonnade en règle. Denis et moi minimisons les charges et la portée de l'incident mais ne sommes pas entendus. Prétextant que nous manquons de temps, nous signons deux ou trois papiers incompréhensibles, prenons congé et regagnons d'un pas pressé la voie 8. Denis et moi n'échangeons quasiment aucun mot, secoués par cette nouvelle aventure. Essoufflés mais certains d'être proches d'un moment de sérénité, nous montons les hautes marches du wagon après y avoir jeté nos sacs à dos. Hélas, la sérénité est remise à plus tard. Peut-être aurions-nous dû prêter davantage d'attention aux réticences du guichetier. Pourquoi faut-il que nous sachions toujours tout, mieux que tout le monde ? Il n'y a dans ce wagon que des noirs et ils n'ont vraisemblablement pas l'intention de nous laisser prendre place. Les regards sont hostiles. Nous excusant presque, nous rebroussons chemin, maladroits et empruntés.

Impossible de passer de ce wagon à la deuxième classe voisine sans en redescendre. De lourdes barres de fer séparent les deux univers, le noir et le blanc. Je suis stupéfait. La situation est angoissante. Incompréhensible. Je mesure tangiblement, pour la première fois de mon existence, tout le poids de l'apartheid. L'héritage séculaire semble d'un coup peser sur moi sans explication, juste parce qu'il en va ainsi, depuis des lustres et des générations. Je ne suis pas moi-même, quoique blanc, à l'origine des injustices, des discriminations. Je ne suis pas non plus le descendant des ministres en fonctions dans les années 70. Non, je suis étranger à tout ça, au sens propre comme au figuré. Pourtant, je ne suis pas le bienvenu dans ce wagon. Trop crédule, j'étais persuadé que mes nobles sentiments, ma conviction de l'équité entre tous, soutenus par un franc sourire, jovial et avenant, saurait dépasser les clichés. Mais le monde multiracial, multiculturel et harmonieux, c'est pour les « Bisounours »... ou plus vraisemblablement pour ceux qui sont du bon côté ou loin de ces réalités ! En tous cas, ce n'est pas pour la troisième classe du Jo-Bourg / De Aar. La réalité de ce train est toute autre. Le blanc de ma peau et le bleu de mes yeux suffisent à dire à ces passagers non pas qui je suis, mais ce que j'incarne. Et à les regarder, cela ne leur inspire que mépris et violence. Denis, dans une gymnastique inesthétique, s'efforce de descendre du wagon et maugrée dans sa barbe naissante :

– La fin de l'apartheid, tu parles... mon cul sur la

commode ! Je te le redis Sam… ça va être pire que l'Argentine. Je ne le sens pas du tout ! Ça fait pas 5 heures qu'on est arrivés dans ce pays, qui doit être une simple escale, et déjà on peut écrire un roman de 500 pages. Nous changeons donc de voiture. Comme par prudence et sans nous concerter, nous ne choisissons pas la seconde classe qui jouxte le wagon duquel nous nous sommes fait jeter. Plus loin, nous entrons dans un compartiment déjà occupé par un père et ses deux enfants. Pas de doute, nous voyagerons avec de purs Boers. Des vrais de vrais. Le côté cow-boy et gros bras, un peu rustre sur les bords. De prime abord sympa malgré tout, le monsieur engage la conversation en anglais, s'intéresse à nous, à notre voyage. Mais la conversation dérape dès qu'il est question des noirs, des Zoulous. Ses propos nous glacent le sang :

– Une « sous-race » nous dit-il. Des animaux génétiquement programmés pour voler ou tuer ! La résonance de son champ lexical renvoie à ce que l'homme fait et pense de pire. Elle renvoie aussi aux émeutes de 1976 qui rendirent populaires à travers le monde Nelson Mandela, Desmond Tutu et le quartier de Soweto. La répression sanglante, les arrestations, les meurtres, l'escalade de la violence. On en viendrait presque à culpabiliser d'être blancs. Le pays saura-t-il se débarrasser de la haine et des rancœurs de l'histoire ? En quelques minutes à peine, le terrain nous démontre toute la difficulté du problème et l'étendue du travail restant à faire.

La presse, le double prix Nobel annoncé Mandela / de Klerk, les refrains enthousiastes de Johnny Clegg apparaissent dès lors comme autant d'illusions. Peut-être sont-ils néanmoins des ingrédients nécessaires à l'apaisement progressif. Denis et moi nous abritons derrière un sommeil non feint pour ne plus avoir à tenir la conversation avec cet authentique Boer. À 3h30 du matin, nous sommes à De Aar et ambitionnons de monter la tente sur le parking d'une surface commerciale. Le tableau est facile à dépeindre. Imaginez-vous arrivant devant l'Intermarché de Tourcoing en pleine nuit, l'esprit embrumé par la fatigue, avec un vieux copain et vos piquets de tente. C'est un peu ça. Sauf que c'est l'Afrique du Sud. Une voiture de police nous surprend et braque une puissante lumière sur nous.

– Putain, j'ai ma dose de flics sud'af' pour aujourd'hui… râle Denis. Des agents nous signifient, après contrôle laxiste de nos papiers, l'interdiction formelle de dormir ici et dans ces conditions : trop dangereux ! La compréhension linguistique est toujours aussi délicate et en quelques minutes, nous nous retrouvons enfermés à l'arrière du fourgon, minuscule panier à salade. Mais nous nous efforçons de rester sereins, nous convaincant que ces policiers suggéraient aimablement de nous conduire au seul et excentré camping de la ville.

– Tu crois qu'on les a bien compris Sam ? Dis-moi qu'on ne repart pas au trou et qu'on ne va pas, une fois encore risquer de se faire racketter par des ripoux ! Denis ne gambergera pas longtemps.

La voiture s'arrête devant le camping. Décidément, nous avons le chic pour aller où personne ne va. Pas un chat, mais un espace sécurisé où nous pourrons dormir. Pas trop longtemps bien sûr, le sort veille... À 6h30 du matin, une voix rauque nous somme de sortir. Je glisse ma tête des mauvais jours au dehors de la tente et me retrouve face au « directeur » du camping venu réclamer son dû, le paiement de notre emplacement, avant même le lever du soleil. Certains m'auraient demandé si la nuit a été bonne. D'autres se seraient intéressés à notre état de forme. Pas lui. Qu'importe, nous n'avions pas programmé un séjour de 15 jours dans ce trou. Nous profitons de ce réveil matinal pour optimiser la journée de sorte que, très vite, nous trouvons le bus pour la Namibie et serons débarqués à Windhœk dès le lendemain même heure. De là, saut de puce jusqu'à Swakopmund, entassés dans un taxi-brousse qui crèvera deux fois sur le trajet. Cette petite cité touristique se dresse sur le littoral atlantique. Elle est le point de départ des nombreuses balades organisées dans le désert du Namib ou vers le parc national d'Etosha, plus au nord. Avec ses rues bordées de palmiers, sa douceur de vivre, la ville contraste insolemment avec ce que nous a offert notre passage éclair en Afrique du Sud. Elle nous est immédiatement hospitalière. Quelques surfeurs bravent les eaux froides, nargués par de bien plus habiles otaries. Petits jardins fleuris et rigoureusement taillés, maisons de bois parfaitement entretenues, édifices art nouveau, plaques de rue allemandes… Heureusement que les vents d'est élèvent dans la ville de véritables tempêtes de sable pour nous rappeler au caractère de l'Afrique. Swakopmund garde une véritable empreinte germanique, héritage de son passé colonial. Ce n'est pas pour nous déplaire. Nous voyons là le gage d'une quiétude que rien, c'est sûr, rien ne viendra compromettre. Nous avons pris nos quartiers dans l'auberge de jeunesse, elle-même installée au cœur d'un ancien fort. Pour rogner des dépenses d'hébergement pourtant déjà modiques, nous avons obtenu le droit de planter la tente dans la cour et de renoncer à la location d'une chambre. L'endroit est sympa et convivial. La clientèle est jeune. Les échanges faciles, simples et spontanés. Un petit groupe s'est formé autour d'un guitariste tout droit venu de Woodstock. Nous y faisons la connaissance de Geraldine, Kirk, Rudy et Michèle. Geraldine vient des Cornouailles et voyage avec son « boyfriend » Rudy, lui néerlandais. Kirk est également britannique, facteur à Sheffield, il crapahute seul depuis des mois. Michèle enfin est zimbabwéenne, comme son physique ne l'indique pas du tout. Avec de larges boucles blondes et le teint d'un lavabo, elle est d'origine anglaise mais vit depuis toujours en Afrique australe. Le groupe fait immédiatement valoir des affinités. Quoique fait de personnalités radicalement diverses, il est finalement rendu assez homogène par les âges, les moyens financiers et les aspirations. Et le lendemain matin, alors même que la nuit fut courte, nous nous retrouvons serrés comme des sardines dans une vieille Volkswagen de location, en route pour le désert du Namib et pour Etosha, une réserve naturelle du Nord du pays. Voilà une économie d'échelle manifeste : trois personnes à l'avant, trois personnes à l'arrière, plus nos sacs. Le deal est clair. On remonte jusqu'à la frontière angolaise par les sites que tous, de longue date, avaient prévu de visiter : des « incontournables » nous disent-ils. Arrivée au point le plus septentrional de notre itinéraire, la petite délégation nous laissera et regagnera Swakopmund délestée des deux « frogs » et de leur paquetage.

En attendant je ronge mon frein devant cette nouvelle perte de temps. Il me tarde de rallier Luanda mais je m'efforce de relativiser. Aucun bus ne desservait la frontière avant plusieurs jours. Denis me reste fidèle. Et puis ces moments me sont finalement agréables, malgré l'impatience, les doutes, les questions. Je dissimule avec conviction tous ces tourments, mais ils m'obsèdent. À chaque instant. Je me sens en plus la responsabilité d'un vieil ami que je pousse à me suivre vers l'inutile peut-être, vers de nouvelles galères certainement.

Comme pour me pousser à prendre sur moi et à m'arracher à mes questions, la nature déploie la plus fantastique parade qu'on puisse imaginer. Elle érige devant nous de gigantesques dunes de sable, d'une centaine de mètres au moins. À l'infini, comme vivantes, à la fois dociles et magistrales, elles se laissent sculpter par les vents du nord.

Elles découpent un ciel bleu uniforme en une multitude de paraboles orange, ocres, jaunes, rouges parfois. À leur pied, le sol est mosaïqué, craquelé de toute part par la sécheresse. Cette symphonie de vents, de couleurs, de soleil et de sable a plus d'imagination que n'importe quel artiste. Le souffle chaud de l'air réinvente chaque minute de nouvelles formes, modelant sans relâche les crêtes de ces géantes de sable quartzeux. Parfois, une tâche de vert, de vie organique en somme, s'invite comme par miracle au pied d'une dune : un arbre, un buisson rappelle que règne bien ici un écosystème avec sa flore et sa faune... L'on dit même que des fauves s'y sont installés. Dans la voiture, l'atmosphère frise l'hystérie tant la troupe est heureuse de ce spectacle. Denis et moi partageons le siège avant passager de la voiture. Je me débrouille tant bien que mal avec l'espace que veut bien me laisser mon imposant compagnon de voyage. Écrasé entre sa cuisse et la portière, bien décidé à me caser dans quelques centimètres carrés, j'ai le cou en équerre et le visage coincé sous le pare-soleil. Le décor est magnifique et bientôt nous pourrons satisfaire cette envie, cette hâte qui tous nous a gagnés ; celle d'arpenter les dunes, de les dévaler, de prendre leur virginité, d'y laisser la trace de nos pas privilégiés. Et tant pis pour la chaleur ! Nos petits camarades sont plus expérimentés que nous. Ils ont l'art de la bourlingue, les réflexes et l'équipement adéquats. Ils ont des chaussures de randonnée quand nous portons de simples baskets.

Ils ont une boussole quand nous laissons croire sans succès que la position du soleil nous renseigne. Ils ont de l'eau en quantité et des rations alimentaires quand il nous reste un vieux fond de bouteille d'eau minérale. Bref… on ne les connaît pas beaucoup mais on se sent déjà tributaires, comptant sur leur sens du partage. Ils sont aussi de bons marcheurs. Répondant à l'injonction de ne surtout pas nous attendre, ils avancent à bon rythme. L'expédition vers Sossusvlei n'a pas commencé depuis vingt minutes que déjà Kirk, Michèle, Géraldine et Rudy n'apparaissent plus que comme de petits points perdus dans cet océan orange. Pour doper mon Denis pourtant déjà bien courageux, je lui fais croire qu'une cabane vend du Coca juste derrière la prochaine dune. Certainement les effets conjugués de l'effort et de la forte chaleur ; Denis le cartésien incrédule s'en remet à cette promesse et redouble d'effort. L'embonpoint et ce sable ne font pas bon ménage. L'ascension est dure mais elle sera couronnée d'un panorama unique au monde. Le reste de l'équipe est affalé, plus abasourdi encore par cette éblouissante perspective que par la fatigue. L'horizon oscille en centaines de vagues de sable. En contre-bas, un pan empli d'eau apparaît comme un nouveau miracle, un mirage peut-être. Immobile, il reflète scrupuleusement toutes les nuances de formes et de couleurs et voit s'abattre sur lui d'innombrables flamants roses. Plus loin se sont aussi des oryx qui errent paisiblement, trahis par la clarté de leur robe. Denis est exténué.

On frôle l'assistance respiratoire. D'autant qu'aucun Coca salvateur ne s'offrira à ses goulues gorgées. Au contraire, il lui faut mendier quelques gouttes d'eau à Michèle, toujours prête à rendre service. Le groupe reste un moment sur cette crête. Silencieux. Recueilli. Puis, peu avant le tombant, vient le temps du retour à la voiture, plus rapide bien sûr, descente oblige. Tous, nous revenons les poches, les chaussettes, le slip chargés de sable. Et il a bien fallu une dune namibienne pour remplir celui de Denis ! Nous bondissons, glissons, roulons sur les versants abrupts des dunes. Comme des enfants, ivres des chutes et de roulés boulés, nous nous bousculons, défiant les lois de la gravité. Kirk immortalise le moment de quelques photos supplémentaires et nous reprenons la piste en direction du nord. La distance à couvrir jusqu'à Etosha n'est pas énorme mais nous sommes contraints de rouler lentement. La piste exige un 4x4. Nous avons une voiture des plus basiques chargée de six personnes. Et évidemment, que se passe-t-il dans ces conditions ? On crève bien sûr. Pas bien grave me direz-vous… Sauf quand la roue de secours nous lâche à son tour. Quoique lente, la crevaison ne nous laisse aucune chance d'attendre un point de campement autorisé et répertorié sur les cartes. Et alors que les dernières lueurs du jour ne tarderont plus à s'éteindre, la Volkswagen s'immobilise au milieu de nulle part déclenchant instantanément un véritable conciliabule. Qu'est-ce qu'on fait ? On doit être à trente kilomètres du premier village.

Inutile de précipiter les choses. Nous sommes tous d'accord pour dormir ici. Il n'y a, à la disposition de l'équipe, que deux tentes biplace : la nôtre et celle de Géraldine et Rudy. Élégants, nous proposons à Michèle de prendre notre igloo et dormirons à la belle étoile tandis que Kirk optera pour la banquette de la voiture. Il n'est pas très prudent de dormir dans son duvet, en pleine nature, dans ce type d'endroit... mais les Frenchies ont ce soir l'âme baroudeuse. Nos amis nous pensent courageux. Ils ne nous verront pas en pleine obscurité nous agiter au moindre frémissement du vent ou à la moindre chose en contact avec la peau. Mais bon, peu importe, ça restaure un peu notre image. Et dès l'aube, nous serons d'attaque et en forme pour veiller sur les filles : Kirk et Rudy ont profité du passage d'une voiture pour gagner le premier bourg. Leur mission : ramener une roue de secours. La nôtre : les attendre et nous protéger de rayons du soleil plus violents à mesure que l'heure avance. Ainsi nous faisons plus ample connaissance avec Géraldine et Michèle. Toutes deux sont vraiment d'une compagnie agréable. Simples et pétillantes, elles aiment l'Afrique et font savoir leur enthousiasme. Géraldine est du style baba-cool, vêtements amples, foulard sur la tête, avenante et détendue. Michèle est plus sophistiquée mais l'Afrique lui est tellement familière qu'elle paraît dans son élément en toutes circonstances. À les observer gérer la cuisine pour l'équipe, organiser le bivouac, étudier la carte, Denis et moi nous sentons petits-joueurs, profanes, Indiana Jones du dimanche. C'est à se demander qui veille sur qui en l'absence de Kirk et Rudy. Les revoilà justement. Un camion les dépose devant nous. Ils ont bien la roue.

– Ne vous réjouissez pas trop vite, crie Rudy dans un anglais parfait ! C'est une roue de 2 cv. Kirk enchaîne :

– On a fait un essai rapide avec une autre vieille Golf, ça devrait aller !

Impatients de juger de la compatibilité du matériel, les hommes entreprennent de lever la voiture, de démonter le pneu crevé et de poser cette roue au diamètre manifestement plus important que celle d'origine. Étonnamment, nous parvenons à fixer la « nouvelle » roue, vraisemblablement prête à entamer une énième vie, sur l'essieu. L'opération n'a rien d'orthodoxe et son côté franchement bancal achèvera de se révéler une fois les quatre roues ramenées au sol. La voiture penche, gîte même. Il n'y a pas un mécanicien dans l'équipe et quoiqu'ignorant tout des conséquences de cette réparation de fortune, nous actons de poursuivre notre route. L'équipée poursuit donc vers Etosha, dernière étape, m'a-t-on juré, avant l'Angola. Nous prévoyons de traverser la réserve en deux ou trois jours maxi. Nos comparses ont de toute façon décidé d'y revenir et d'y consacrer plus de temps, après nous avoir déposés au poste de frontière de Ruacana, Oshikango ou plus vraisemblablement Rundu. Ces nouvelles journées concédées avant Luanda ne me contrarient pas. Au point que j'en ai mauvaise conscience. Les paysages d'Afrique, celle dont j'ai rêvé enfant, celle des films et des documentaires animaliers défilent doucement sous mes yeux et emplissent mes poumons d'une chaleur apaisante. Je trouve dans ces lieux sérénité et plénitude. Et que dire d'Etosha qui se présente comme une consécration pour nos compagnons de route. Nous voilà entrés au cœur d'un exceptionnel tableau de la vie sauvage, l'un des plus grandioses de cette majestueuse Afrique. Sans rangers, seuls à bord de notre désormais fidèle Volkswagen, nous empruntons les pistes faciles, presque soyeuses, du parc national et gagnerons en fin d'après-midi l'un des points de bivouac autorisés. Telle est l'authentique savane : immense et silencieuse. Nacrée. Eblouissante. Solennelle. Vierge. Je me rappelle d'une femme croisée avant mon départ de Paris, dans une salle d'attente à la préfecture. Nous avions engagé la conversation sur le thème du voyage. Pour tuer le temps, cette dame d'une bonne cinquantaine d'années lisait l'*Hiver africain* de Evelyn Waugh, un riche carnet de voyage de l'auteur à travers l'Afrique orientale, des hauts plateaux éthiopiens à la vieille Zanzibar. De longues semaines après cet épisode, les derniers mots qu'elles avaient eus ressurgissent comme s'ils avaient été prononcés voilà cinq minutes :

– Vous savez jeune homme, j'ai pleuré en Afrique. Et je vous jure que j'ai pleuré devant sa seule beauté. Je vous souhaite de vous y rendre un jour. Si comme moi vous succombez, alors votre vie ne sera plus jamais tout à fait la même.

Je me souviens de chaque mot, de chaque intonation et ressens bel et bien un sentiment singulier, mélange d'allégresse et de mélancolie. Les hautes herbes argentées par la lumière balancent tranquillement au rythme d'un vent léger. La visibilité est telle que l'horizon semble dessiner jusqu'à l'arrondi de la terre. Et puis cette faune... Jamais, je n'aurais pensé voir un jour tant d'animaux. Des zèbres, des buffles, des lions, des guépards, des éléphants, des antilopes, des girafes, des gnous... Etosha prend des allures d'arche de Noé tant la concentration animale est dense. Elle l'est d'autant plus que la saison sèche contraint toutes ces espèces à coexister autour des points d'eau que l'hiver austral n'a pas encore taris. À intervalles réguliers, nous nous postons à proximité immédiate d'une marre et attendons, guettons. La chaleur est tout juste supportable dans notre petite coquille d'acier. Nous coupons le contact et ne pipons mot. Aux premières loges, nous assistons à un spectacle qu'on pourrait croire rôdé et préparé à notre attention. Nous sommes seuls et observons la magie de la nature. Nous nous savons ici des invités tout juste tolérés. Pour une fois, l'animal est libre et l'homme enfermé dans de piteuses conditions. Parce qu'il n'est pas pensable de sortir du véhicule bien sûr. Et puis chacun, avec sa sensibilité, veille à ne pas perturber des animaux que nous voulons aussi authentiques que possible. Tout de suite, quoique béotiens en comportement animalier, nous distinguons les proies des prédateurs. Les postures assurées presque hautaines des uns s'opposent au stress et à la vigilance perpétuelle, presque électrique, des autres. Ainsi se joue la vie, autour de combats et de luttes, d'instincts et de survie. J'aime ce à quoi j'assiste. Ça me passionne, me prend aux tripes. Déjà un énorme soleil rouge tombe sur la savane. Il est temps de rallier un campement. Les arbres moringas, semblables aux baobabs, se dessinent en contre-jour, comme découpés au couteau. Ils participent à la beauté des lieux, à leurs mystères. La légende dit qu'ils sont l'œuvre de Dieu qui les aurait oubliés au dernier jour de la création du monde. Le divin les aurait alors lancés en hâte à la surface de la terre, mais ceux-ci seraient tombés à l'envers, pointant vers le ciel d'étranges racines. Je sais que chaque espèce, chaque lieu fait dans ce monde l'objet d'une légende, d'un mythe, d'un rite ou d'une vénération. J'aime le caractère ancestral, pionnier de cette Afrique. Il me fascine. Comme moi, Denis est envoûté. La nuit a maintenant englouti la savane. Pour le bivouac, l'équipe s'est répartie différemment. Kirk et Michèle dorment dans la voiture. Denis et moi retrouvons notre tente mais dormons finalement assez mal, réveillés, parfois angoissés, par le rire des hyènes et l'agitation nocturne. Immédiatement aux abords de la tente s'organisent des joutes, des poursuites et souvent la mort. Bientôt, peut-être dès demain, nous serons en Angola et reprendrons d'actives recherches dont le sens même, en cet insondable éden, m'échappe quelquefois.

Enfin l'Angola et Ruacana. Le moment est venu de nous séparer de Géraldine, Kirk, Michèle et Rudy, non sans tristesse d'ailleurs. Nous faisons tous semblant d'imaginer des retrouvailles prochaines en Europe mais savons pertinemment que ces résolutions ne débouchent que rarement sur des faits ; a fortiori quand les vies respectives des uns et des autres reprennent leur cours normal dans des régions éloignées. Peu importe, les bons sentiments sont là et la séparation est empreinte d'une émotion bien sincère. Nos amis rembarquent dans la Volskwagen, soudain beaucoup plus spacieuse et nous laissent comme orphelins au poste frontière. Nous sommes penauds, à nouveau seuls avec nos vieux sacs à dos. Heureusement, Denis a peaufiné son look. N'écoutant pas les conseils avisés de Michèle, il a laissé cette nuit ses baskets Puma rouges au dehors de la tente.

– Les chacals, avait-elle prévenu, embarquent absolument tout. Fais attention Denis, tu pourrais avoir une mauvaise surprise !

– Ouais Michèle, t'as raison ! Un chacal qui chausserait du 42 avait rétorqué Denis ironique !

– Non, un chacal dépressif et suicidaire, avais-je surenchéri !

Denis n'aurait pas dû dénigrer l'avertissement de Michèle. Il ne se présenterait pas aujourd'hui devant les autorités angolaises en chaussettes et en tongs. Et quelles tongs ! Des claquettes en promo, emportées pour les douches et les sanitaires sales, bleues turquoises, assorties d'une mention « Hawaï Top Cool ». Denis sait qu'il est grotesque et il le vit assez mal. D'autant que je ne manque pas d'en rire, lui proposant de guetter dans la nature un éventuel chacal à chaussures rouges !

L'accès à l'Angola passe par un bureau des douanes sommaire. Nous y sommes les seuls occidentaux. Et rien que pour nous, sept ou huit agents pas franchement submergés par l'activité. De vagues posters sont supposés nous vendre le potentiel touristique de la destination. Nous ne sommes pas emballés. Vous connaissez beaucoup de gens autour de vous qui se sont fait l'Angola récemment ? Et bien nous non plus, nous ne connaissons personne. Denis et moi nous avançons vers une sorte de comptoir rapidement repeint aux couleurs nationales, le rouge et le noir. Les mouches sont nombreuses. La chaleur lourde. Nous tendons nos passeports à un type manifestement très fier de son uniforme et plus encore des lourds tampons qui officialisent chacun de ses gestes. Il compulse d'abord nonchalamment les papiers de Denis puis les miens. Il s'arrête sur la page qui porte mon nom et ma photo puis se redresse brutalement sur sa chaise, se raclant la gorge en réajustant ses lunettes à verre teinté. Alors, il consulte un tas de papiers, s'agite, en cherche de nouveaux et sollicite un supérieur. Ce dernier nous fait comprendre que nous n'obtiendrons pas de visa et ne pourrons en conséquence pas franchir la frontière. Ça devient une habitude ! Le chef du poste parle l'anglais et a même quelques notions de français. Aussi pratique qu'étonnant.

– Où est le problème ? Aurions-nous dû demander un visa à votre ambassade de Windhoek ? Un délai à respecter ?

– Comment obtenir ce visa et enfin rentrer, demande Denis aussi courtois que possible, presque obséquieux ?

– Vous ne l'obtiendrez pas.

– Comment ça ? Nous sommes prêts à suivre les procédures et à attendre le temps qu'il le faudra, reprend Denis.

– Inutile, vous ne l'obtiendrez pas répète l'agent.

– Mais c'est essentiel pour nous. Nous avons de la famille à retrouver à Luanda. C'est capital. Exaspéré, j'ai pris la parole contenant avec difficulté mon agacement. Alors, me rappelant nos déboires paraguayens, je tends une perche sans équivoque :

– Est-ce une question d'argent ?

– Inutile d'insister monsieur, vous n'êtes pas autorisés à franchir cette frontière.

– Mais vous pouvez au moins nous donner une explication. Nous avons parcouru des kilomètres pour venir ici. Comprenez qu'on ne peut pas rebrousser chemin sans savoir pourquoi. Imaginez, nous sommes Français et venons d'Argentine, via l'Afrique du Sud et la Namibie pour entrer en Angola. Vous avez souvent des visiteurs aussi motivés ? On ne pourrait pas appeler l'ambassade de France à Luanda ?

– Monsieur, vous êtes déclaré « persona non grata » par la République d'Angola et les institutions consulaires de votre pays ont validé cette décision. Je suis désolé, je ne peux rien faire.

– « persona non grata », mais en vertu de quoi ? Je ne suis pas un terroriste, je ne suis ni malade, ni dangereux et je n'ai jamais mis les pieds ici. Qu'est-ce que ça signifie ?

– Je ne peux rien vous dire de plus. Je n'en sais pas plus. Je vous invite à ne pas insister.

– C'est n'importe quoi. Pour une fois qu'un type s'intéresse à ce foutu pays, vous ne le laissez pas rentrer. Je m'en fous, je passerai quand même. C'est dingue ! Je suis sûr qu'il y a plein de types qui rêvent de se barrer d'ici et moi j'ai besoin d'entrer !

– Attention monsieur, restez calme et correct. N'envisagez pas de passer clandestinement. Vous risqueriez la prison pour menace sur la République et la personne du président Dos Santos. Les peines encourues, croyez-moi, sont lourdes. Très lourdes. Plus lourdes qu'elles ne le sont sans doute dans votre pays. N'oubliez pas que la sanction suprême est régulièrement prononcée !

Denis me pousse à la raison. L'atmosphère se tend. Un agent jusque-là spectateur de la scène a décroché le combiné d'un téléphone. Il s'efforce maladroitement de ne pas être vu et masque le mouvement de ses lèvres d'une énorme main brune à la peau craquelée.

– Sam, on se tire. Ça sent le roussi. T'as vu le gars au téléphone. Tous ces mecs ont l'air de ne plus rigoler. On récupère nos passeports et on trace. Ça va mal finir !

– Attends, on ne peut pas lâcher l'affaire comme ça !

– Tu la fermes et tu rappliques, ordonne Denis en rassemblant nos affaires, saluant rapidement ce curieux comité des douanes.

Denis doit être préoccupé pour être tellement autoritaire. J'essaie bien de poursuivre la conversation, mais c'est peine perdue. Il ne me répond pas, ni même ne tourne la tête, obstiné à quitter les lieux rapidement et même à s'en éloigner. Il s'engage le long de la route et interpelle le premier camion qui passe, un énorme truck presque anachronique dans ce coin reculé d'Afrique.

– Vous êtes Français ? nous demande ce jeune chauffeur, au style faussement rappeur. Il pointe du doigt la contrefaçon du maillot de l'équipe de France que je porte.

– Oui, vous parlez français ? s'étonne Denis.

– Un peu mon frère, je suis Zaïrois et je rentre au pays. Si ça vous dit de faire la route avec moi... Bon, c'est un peu chaud. C'est presque la guerre en ce moment, mais au moins le voyage ne vous coûtera rien.

– Vous passez par Rundu ? demande Denis toujours aussi déterminé.

– Yep ! Je traverse toute la bande de Caprivi. Montez les gars, vous me direz où vous voulez que je vous arrête exactement.

En deux temps, trois mouvements, nous voilà embarqués, en route vers l'est. Denis et moi n'évoquons pas l'épisode du poste de douane. Même si nous le voulions, notre routier est tellement volubile que nous n'y parviendrions pas. En tous cas, pas sans le mêler à la conversation. Denis n'est pas disposé à parler. Il est nerveux. Il regarde à intervalles réguliers dans le rétroviseur de notre lourd semi-remorque. En d'autres circonstances, nous nous serions amusés de la décoration de la cabine, de la moumoute qui orne sa partie arrière et du côté « Huggy Les Bons Tuyaux » de notre chauffeur. Nous nous serions aussi félicités d'avoir trouvé tellement vite un moyen de locomotion extraordinairement confortable. Mais l'heure n'est ni à la plaisanterie, ni aux palabres. Pas très joviaux ces gars-là, se dit probablement le Zaïrois.

– Ça craint, ressasse Denis, refermé sur lui-même comme une huitre ! Les kilomètres s'égrènent donc au rythme d'un monologue chantant, mélangeant musique de Kinshasa, blagues douteuses et questions à répétition. Nous atteignons le camping de Rundu en toute fin d'après-midi et avons le temps de dresser la tente avant la nuit, le long de la rivière. Ce camping est fréquenté par des touristes assez nombreux, des Européens et des

Sud-Africains. Le cadre est plaisant, paisible aussi. Les aménagements y sont nombreux : de quoi se restaurer, laver notre linge, téléphoner peut-être.

– Alors Denis, faut qu'on parle. Quelle mouche t'a piqué ?

– C'est foireux. C'est pas net. Une intuition : fallait qu'on se débine. Il y avait trop de trucs louches. D'abord tu es « persona non grata », puis les comportements changent, un type se cache tant bien que mal pour téléphoner, on nous menace de prison. C'était suffisant pour mettre les voiles, crois-moi.

– Alors, on arrête ?

– Ce n'est pas ce que j'ai dit.

– Et tu prévois quoi ?

– Je ne sais pas.

– Seulement voilà, n'oublie pas qu'on a fait un paquet de bornes en montant dans ce camion.

– Je n'ai pas choisi Rundu par hasard. Souviens-toi, il y a un autre point de frontière.

– Et tu comptes réessayer de passer, auprès d'autres militaires ?

– Je ne sais pas. Faut que je réfléchisse me dit Denis, grave et concentré. Mais pourquoi te retrouves-tu « persona non grata » alors que tu n'as jamais mis les pieds ici ? Tu ne crois pas que c'est lié à ton père ?

– Aucune idée.

– Je ne vois pas d'autre explication.

– Et si on téléphonait à l'ambassade ? On trouvera bien quelqu'un capable de nous renseigner ?

– Pas sûr que ce soit une bonne idée. Le chef du poste de Ruacana nous a bien dit que la France cautionnait la démarche angolaise. Si ton père n'est pas le bienvenu ici, peut-être aussi a-t-il des comptes à rendre en France.

– T'es en train de monter un scénario hollywoodien. Moi, je serais Matt Damon et toi Pearce Brosnan !

– Déconne pas. J'essaie de comprendre c'est tout.

– Et si on appelait Bertrand à Paris ?

– Pas con, son père saura peut-être actionner les bons leviers. En tous cas, ça mérite d'être tenté.

Bertrand est le troisième larron de cet improbable boys-band que nous constituions au lycée. Il y avait le nabot (comprenez le narrateur), le gros et la « baltringue ». Nous avons tous connu un ersatz de Bertrand dans notre adolescence. Celui qui redoutait plus que tout les cours de sport. Vous aussi sans doute ; souvenez-vous de lui. Il s'y présentait en shirt écossais et petit polo. Il s'efforçait par tous les moyens de se cacher sur le terrain de foot. Quand les équipes étaient formées par les plus sportifs, il restait toujours le dernier à prendre parmi les siens et malgré soi. Proust était pour lui une révélation quand ses camarades se déniaisent avec lenteur sur de creuses séries TV. Mais n'allez pas croire que cela faisait du personnage un jeune homme ennuyeux. Non, non, Bertrand n'était jamais le dernier pour les 400 coups. Il faisait même valoir un certain talent pour les imaginer. Pour ne pas se faire prendre aussi. Il faisait l'objet de gentilles railleries, toujours étourdi, souvent « agacé » par une espèce de colopathie fonctionnelle qui lui tiraille le ventre. J'avais fait sa connaissance devant un gymnase justement. Il m'avait alors imploré de l'embarquer sur le porte-bagages de ma mobylette pour échapper à un malabar dont il avait égaré quelques jeux vidéo. C'était la première fois qu'il me fit rire aux larmes. L'imperméable neuf qu'il portait, l'authentique manteau beige de l'inspecteur Colombo, celui qu'on ne porte d'ordinaire pas avant ses 40 printemps, s'était coincé dans la chaîne du deux-roues, le reconvertissant instantanément en un spencer taillé aux hanches. Comme cette autre fois, à la plage, où nous avions subtilisé toutes les affaires de Bertrand en phase périlleuse de déshabillage. Nous ne lui avions laissé qu'une seule chaussure dans laquelle il s'arrangeait pour dissimuler avec pudeur son « appareil ». Tel était Bertrand, notre Pierre Richard, toujours dans sa bulle, toujours dans son monde. Une bulle que lui aurait inventée Miles Davis ou John Coltrane. Parce que attention, quand il s'agit de jazz, Bertrand n'est plus tout à fait le même. Le sérieux l'emporte et il ne saurait être question d'autodérision. Une sensibilité encyclopédique fait de lui un véritable spécialiste capable de disséquer, de décortiquer, de justifier les accents mélodiques de n'importe quel artiste.

A peine la tente montée, nous nous empressons de gagner l'accueil du camping. Les appels internationaux y sont possibles. Je suis convaincu que notre salut dépend de Bertrand. Jeter le sort de notre voyage et de nos recherches dans les mains de ce fantasque copain n'est pas bien rassurant. Mais la perspective d'avoir peut-être trouvé la réponse à cette impasse administrative nous est d'un vrai réconfort. La déception n'en sera que plus brutale…

– Bertrand ?

– Oh, Sam… comment va ? Bien rentrés ?

La communication est exceptionnellement nette et synchrone.

– Non, on n'est pas rentrés. On est à la frontière angolaise.

– À la frontière anglaise ? Vous êtes déjà repartis mais qu'est-ce que vous foutez chez les rosbifs ?

– À la frontière AN-GO-LAISE.

– Tu te fous de ma gueule ?

– Non, non je suis très sérieux… on a besoin que tu nous files un gros coup de main.

– Je ne marche pas les gars. Je vous connais par cœur. Je suis sûr que vous êtes Porte de Bagnolet ou déjà en bas de chez moi !

– T'as raison, même qu'on a ramené Pépitos et Banga pour se faire un goûter géant. Écoute-moi, s'il te plaît. Nous avons besoin d'entrer en Angola par la Namibie. C'est capital… je t'expliquerai plus tard.

– Encore une histoire de nana !

– Bertrand, merde.

– D'accord, d'accord j'arrête. Continue.

– Pour des raisons qui nous échappent, je ne suis pas autorisé à franchir la frontière. On me déclare purement et simplement « persona non grata ».

– Vous avez fait des conneries que tu oublierais de me dire ?

– Rien du tout. Nous n'avons jamais mis les pieds en Afrique auparavant.

– Et vous attendez quoi de moi ?

– Demande à ton père, s'il te plait, s'il peut glaner une info ou deux, ou mieux encore nous démêler le problème. Faut absolument qu'on sache ce qui se passe. Il pourrait y avoir un rapport avec mon père.

– Je ne suis pas sûr de tout comprendre. J'ai juste saisi que c'est important. OK, je sollicite le paternel, mais comme tu le sais… je ne vous garantis rien.

– Merci mon pote. On te rappelle dans trois heures.

Bertrand est un atypique, un excentrique à bien des égards ; mais il est fidèle. Je sais qu'il fera le nécessaire. Reste à savoir si son père le renseignera…

Il est temps de gagner la petite ville voisine et de faire le plein de provisions. Nous sommes complètement à sec. Depuis que nous avons quitté nos compagnons de route et sommes de nouveau livrés à nous-mêmes, la logistique ne suit plus. Finis les petits plats de Michèle et les attentions délicates de Géraldine. Il nous faut reprendre le régime corned-beef. Aussi petit soit-il, le bourg dispose d'un commerce plutôt bien achalandé pour les environs. Inutile de nous emballer pour autant, nous n'avons pas de camping-gaz, ni même de vaisselle. Il va falloir nous contenter de larges rations de ce vulgaire pâté en gelée, à la mode Canigou. Je sens Denis toujours très tendu. La question cruciale de nos prochains repas ne devrait pas le sortir de son mutisme. Il ne proteste pas encore, mais ce programme peu gastronomique doit parachever dans son esprit cette bien curieuse journée. Chargés de ces victuailles de pauvres, alourdis de plusieurs bouteilles d'eau minérale, nous marchons le long de la route qui longe la frontière vers l'est, en direction du Zimbabwe, puis bifurquons sur la piste poussiéreuse qui conduit au campement. La nuit est tombée mais la lune offre une clarté nacrée qui nous dispense de lampe de poche. J'apprécie cette luminosité. D'autant que la pleine nature distille toujours ses bruits, ses craquements, ses hululements, ses ombres, ses soubresauts, comme autant de courtes angoisses pour les aventuriers médiocres. Déjà les quelques lueurs du camp sont en vue. L'idée de me plonger dans mon duvet m'excite presque autant que la perspective de rappeler Bertrand.

Un coup de feu gicle soudain de la nuit. Puis des tumultes, des cris, des voix grasses s'élèvent du camp, à moins de deux cents mètres de là. Des menaces, des ordres, des brutalités. Des hommes a priori nombreux s'agitent et vocifèrent un dialecte local. Nous ne voyons rien de la scène. Nous sommes encore trop loin. Les épineux qui parsèment le coin obstruent toute visibilité. Ils nous permettent surtout de rester discrets. Probablement assistons-nous à l'un de ces pillages de frontière. Il est en effet notoire que des bandits angolais traversent le fleuve pour détrousser les touristes en Namibie. La frontière immédiate rend vaine et illusoire toute tentative de poursuite. Le touriste se faisant beaucoup plus rare côté angolais, les voleurs n'hésitent pas à passer de ce côté de l'eau. Ce fleuve est une aubaine pour les forfaits, dont les auteurs sont rarement pris. Michelle m'avait alerté à ce sujet-là, invoquant la différence de niveau de vie entre les deux pays comme une explication rationnelle. Elle m'avait aussi précisé que ces intrusions se réglaient souvent à coup de fusil. Tout simplement. Il ne m'avait d'ailleurs pas échappé que le campement était sécurisé par trois ou quatre types en armes. Quoique tétanisés, Denis et moi ne résistons pas à l'envie de savoir ce qui se passe dans ce fichu camping. Nous approchons doucement, dissimulés derrière de denses arbustes. Les voix autoritaires ne cessent leur vindicte. Elles ne trouvent aucun répondant, comme si ce vil groupe tenait tout le monde en respect. Soudain des mots anglais se font entendre. Ils nous glacent le sang.

– Where are the French guys ? Where are they ? martèle un homme.

Nous commençons à le distinguer entre les branches sèches et entrelacées des buissons. Grand, blond, son accent n'a rien de local. Il est accompagné d'une véritable petite armée de six, sept Africains, peut-être plus et de son clone, le même gaillard aussi robuste. Tous sont armés de kalachnikov ou de fusils de chasse. D'amples ceintures de munitions bariolent les tenues de ces picaros sub-sahariens. La scène nous effraie.

Elle nous ramène aux images de la Somalie, d'Ouganda, de Sierra Leone, à l'instabilité de tant de régions où la vie des hommes semble n'être que détail. Le décor est bien celui de ces coins d'Afrique où le sang peut couler pour la cupidité ou la soif de pouvoir de quelques-uns.

– Denis, là on est vraiment mal.

Je chuchote. Des mots juste audibles. Myope, Denis ne peut distinguer ce qui se noue au loin mais il comprend tout de mes mimiques et de mon visage pétrifié.

– Vache ! Les Russes ou les Slaves qui ont été vus en Argentine, avant la mort de Lucho… Tu te souviens ? Et bien, ils sont là. Devant nous. Et ils cherchent des Français !

– On se tire ! Tout de suite ! conclut Denis, amorçant déjà son demi-tour.

Je m'efforce de le retenir voyant les molosses et leur troupe gesticuler de plus belle. Les touristes et les membres du campement sont regroupés, assis au sol sous la menace. Les Africains complices de ces mercenaires cernent des otages aussi abasourdis qu'effrayés. Nous ne distinguons pas grand-chose. Même poussé par la curiosité, la tentation de mieux voir, de mieux entendre, je n'envisage pas une seconde d'avancer davantage. Denis est déjà sur le départ.

– Where are the French guys ?

La question est répétée, puis répétée encore. L'homme à l'accent de l'Oural expose certaines de nos affaires, un sac de couchage, un pull, comme pour être plus explicite. Il les exhibe puis les jette à terre.

– We don't know, répond un blanc.

– I don't know who you…

Réponse incorrecte, semble-t-il. Un violent revers de la main sanctionne sans retenue le pauvre touriste, qui en tombe à la renverse. La victime n'a sans doute pas cherché à nous protéger. Elle dit vrai, elle ne nous a tout simplement jamais vus.

Puis, l'homme de l'accueil du campement intervient, la voix hésitante et chevrotante. Il explique aux Russes que les Français qu'ils cherchent ne sont passés qu'un court moment, le temps de monter leur tente et de téléphoner. Il ne saurait dire à qui, ni restituer quelques informations sur cette conversation tout simplement parce qu'il ne parle pas le français. Mais il implore le calme et la non-violence. Il y a peu d'endroits où aller en pleine nuit.

– À coup sûr, explique-t-il, ils sont en ville et ne devraient plus tarder. Ils m'ont demandé où faire quelques courses, surenchérit-il comme pour prouver sa bonne foi et sa bonne volonté.

Denis et moi en avons assez vu et assez entendu. Nous voulions quelques certitudes, nous les avons. La peur nous somme de déguerpir et sans attendre. Pas une appréhension, une inquiétude, une crainte. Non, la peur. La vraie. Celle qui vous tétanise. Celle qui titille votre estomac, modifie la perception des bruits, des distances. Celle qui agit physiquement sur vous, vous fait transpirer, vaciller. Celle qui désynchronise vos mouvements et vous fait rêver d'être ailleurs, loin, et parfois prier. Même sans croyance… juste au cas où… mais pour aller où et comment ? On est en pleine brousse. Il fait nuit. Nos premiers pas sont lents, précautionneux et prudents. Nous estimant suffisamment à distance, nous détalons enfin comme des lapins. Les épineux nous griffent. L'oxygène nous manque mais nous courons sans même nous retourner. Je sens dans le souffle de Denis tout le poids de la peur et de l'effort. Dans la précipitation, sa respiration se saccade autant que sa foulée. Il chute lourdement mais se relève et repart avec plus de hâte encore.

– T'arrête pas Denis, fonce !

– On va où ?

– On prend le large. Je ne sais pas. On s'en fout … loin !

Je ne peux les voir, mais mes jambes semblent lacérées de toute part. Aucun autre danger dès lors ne me paraît plus prégnant que cette espèce de milice. La nature, la brousse environnante qui, il y a quelques minutes encore, me paraissaient hostiles et inquiétantes sont maintenant nos meilleures alliées, notre échappatoire. Nous ne savons rien d'elles mais notre fuite nous y engage à corps perdu. Malgré le chaos et les heurts de la course, je parviens à voir les lumières de la petite ville d'où nous venons. Je projette de dépasser le bourg en le contournant par la gauche. Bien sûr, il faut se garder d'y retourner, même pour y chercher de l'aide. Les Russes y ont probablement déjà envoyé des hommes. Nous sommes fatigués. Pourtant, nous ne courons que depuis quelques minutes. Bientôt, il nous faut nous résoudre à nous arrêter. La tête nous commande de fuir toujours plus loin, mais nos mollets et nos poumons ne répondent plus. Surtout ceux de Denis. Lui et moi sommes cassés en deux par la violence et l'intensité de la fuite. Le buste plié, les mains posées sur les genoux, nous reprenons notre souffle et nos esprits. Au loin, on devine l'agitation des abords du campement. Des voitures tout-terrain semblent être jetées à nos trousses en direction du bourg. Leurs phares tracent de puissants rayons de lumière dans l'obscurité et leur moteur brise le silence nocturne.

– Là, c'est vraiment la merde mon gars !

– T'as raison, on est dans de sales draps mon Denis.

– Heureusement qu'on a gardé avec nous tout le fric et nos papiers.

– Chut… t'entends ?

– Non ?

– Si si, écoute…

– Putain, t'as raison, c'est un train !

– Tu le vois ?

– Non, mais je l'entends très nettement. On dirait qu'il vient de là, à droite.

– Allez, montre-toi fichu train. C'est dingue, on l'entend mais on ne sait pas où il est.

– Si, là Denis, regarde, c'est le projecteur de la motrice. Viens. Cours.

– Attends, je ne peux plus !

– Si, tu peux !

À nouveau nous nous élançons dans l'obscurité. Le train apparaît maintenant très nettement. Il semble s'étirer sur des kilomètres. Convoyant des marchandises, il se meut péniblement, à très faible allure et au prix d'incessants grincements. Nous voilà déjà près des rails. Trois locomotives s'emploient à tracter des dizaines de wagons de marchandises. Nous les laissons passer et prenons le temps d'examiner le convoi, de sorte que nous opterons pour le wagon qui le mieux se prêtera à notre voyage clandestin.

– Celui-là ! Tu montes d'abord !

Denis court quelques mètres à côté d'un wagon, vaste plateau couvert d'une bâche de protection, puis saisit l'échelle métallique avant de se hisser à bord. Je le suis immédiatement me jetant avec lui sous un immense plastique blanc. Croisons les doigts pour que les Russes ne voient pas le train. Avec un peu de chance, ils passent la ville au peigne fin et y consacreront toutes leurs recherches.

– C'est toi qui me parlais de Matt Damon et de Pierce Brosnan ? Reconnais que ça tient du scénario hollywoodien. Ça va trop loin Sam. Faut qu'on arrête les conneries. On n'est pas taillés pour ce genre d'aventures. Regarde-nous bordel !

– T'as probablement raison. Restons planqués et récupérons. On avisera ensuite. C'est par où l'est ? J'ai bien l'impression qu'on se dirige vers le Zimbabwe.

– Au point où on en est… je n'ai pas de problème à me faire un pays de plus. Surtout si ça nous permet d'échapper à ces tarés.

Terrés sous notre bâche, nous n'osons pas même lever la tête. Le doux tangage des wagons nous berce et le rythme régulier des rails nous endort.

Le ciel est maintenant jauni par l'aube avec des lumières comme seule l'Afrique sait en produire. Le jour nous enhardit et nous sommes désormais à découvert, méditant sur la suite à donner aux événements. Le lever du soleil nous conforte dans l'idée que ce train fait route vers l'est et le Zimbabwe. Où s'arrêtera-il ? Il n'y a rien à bord de ce wagon qui puisse nous donner quelque indice. Pas même sur les marchandises que nous sommes bien incapables d'identifier. Quant à la stratégie à adopter, des arguments objectent chaque alternative imaginée. Rester à bord de ce train jusqu'à son terminus, s'éloigner autant que possible de Rundu, voilà l'option la plus tentante. Mais à bien y réfléchir, ce peut être aussi le meilleur moyen de s'offrir au diable. Ne nous trouvant pas, les Russes ont forcément inventorié les caches possibles mais aussi les fuites logiques. Traverser le fleuve… nous nous serions déjà faits repérer côté angolais et ils le savent. Ils n'ignorent pas non plus que les autorités locales constitueraient pour nous une deuxième menace. Prendre la route… possible, vers l'est comme vers l'ouest. Mais c'est l'Afrique ici, et tout se sait, tout se colporte en un éclair. Par le fer… thèse plausible a fortiori si quelqu'un confirme qu'un train passait bel et bien dans le secteur à l'heure où nous nous sommes évaporés. Bref, l'analyse lucide et objective de la situation, assortie de quelques concours de circonstances malheureux, peut tout à fait conduire ces fous furieux au terminus du nonchalant convoi. Et compte tenu des quelque 20 kilomètres par heure auxquels s'ose le train, les Russes seront à destination bien avant nous. J'observe Denis et comprends qu'il arrive au même constat. Nous sortons le petit fascicule donné à l'entrée d'Etosha ; y figure au dos une carte sommaire du pays. La bande de Caprivi que nous traversons en ce moment-même constitue l'appendice de la Namibie, coincée entre l'Angola au nord, le Botswana au sud et le Zimbabwe à l'est.

– On saute Sam !

– Quoi ?

– On descend ici, maintenant !

Notre chambre domine la seule avenue goudronnée de la ville. Une douce agitation s'en dégage. Particulièrement autour des touristes en quête d'un safari dans le delta de l'Okavango. Trois jours depuis la fuite en train puis en stop, trois jours que nous sommes planqués dans ce modeste hôtel et l'apaisement ne fait que poindre. Tous les occidentaux qui errent dans le secteur sont venus chercher l'exaltation des grands espaces tandis que nous, pauvres trouillards, sommes réfugiés dans une sinistre chambre de dix mètres carrés. Nicolas Bouvier, dans ses livres, écrivait : « On croit qu'on va faire un voyage, mais bientôt c'est le voyage qui vous fait, ou vous défait. » Je crains bien, si nous ne réagissons pas rapidement, que celui-ci achève de détricoter ma toute petite vie. Je sens mon moral en baisse et me vois poltron devant la situation.

– Sam, Sam, on a du courrier !

Denis fait irruption dans la chambre où je laissais aller mes pensées. Son paquet de chips dans la main droite, il tend dans l'autre main une enveloppe à mon nom. Le pli est habillement scellé d'un large bandeau adhésif. « To Samuel Marin » y a été apposé au feutre gras et noir. Nul ne nous sait ici au Botswana, pas même Solé ou Bertrand que nous n'avons pas encore appelés. Ça ne me dit rien de bon. Nous nous regardons stupéfaits et angoissés par cette mince enveloppe. Entre peur et curiosité, je m'apprête à l'ouvrir et la malaxe précautionneusement au préalable. Ce préliminaire tactile n'augure rien du contenu possible de la missive. Je me décide donc à la décacheter et en extrait… une liasse de 5.000 dollars américains accompagnés d'un mot manuscrit : « Rentrez en France. Maintenant. Ce conseil ne vous sera pas donné deux fois ». Les caractères calligraphiques du message paraissent hésitants, pourtant leurs effets sont immédiats. Il s'en suit un long silence. Denis se presse de fermer les pseudo-persiennes de la fenêtre. La traque est à nouveau en marche. Apparemment, on sait où nous trouver. Il faut se rendre à l'évidence, l'affaire nous dépasse. Nous n'avons ni la moelle, ni la stature de super héros… Il va peut-être falloir se résoudre à rentrer en France. Les menaces sont explicites et leurs auteurs déterminés. Tout me porte à renoncer. Nous irons dès aujourd'hui prendre des renseignements sur les conditions d'un prompt retour en France mais avant tout, je tiens à joindre Bertrand. D'abord pour le rassurer. Il doit s'étonner de ne pas avoir reçu l'appel programmé. Ensuite, parce qu'il aura peut-être un début d'explication.

La ville de Maun n'a de réellement pittoresque que les farfelus qui viennent des quatre coins du monde chercher le fameux delta. C'est un peu la cour des miracles ici. À mesure que nous marchons sur la seule véritable artère de la petite cité botswanaise, nous ne voyons que des blancs, tous plus marginaux les uns que les autres. Peut-être est-ce parce que nous ne portons ni dredlocks, ni tatouages, ni piercing... Je nous sens observés, épiés. Je suis sûr que l'inquiétude se lit sur nos démarches et sur nos visages. La poste n'est plus qu'à 100 mètres. Plusieurs fois sur le chemin, nous sommes abordés sans ménagement par des locaux qui se targuent d'être les meilleurs guides de la région. Chaque fois, je bondis, persuadé que les hommes de main des Russes nous mettent le grappin dessus. Chaque fois, nous passons pour des paranoïaques, des débiles ou de détestables blancs-becs, pincés et distants.

– Bertrand ? Tu m'entends ?

La communication est cette fois moins audible. Un gros décalage nuit à la spontanéité et à la fluidité de l'échange. Pire, je m'entends très distinctement parler moi-même. Histoire d'ajouter un peu de sel à cette tentative de discussion, mon voisin de la cabine téléphonique mitoyenne hurle dans le combiné d'une voix grave, que les sommaires planches de bois qui nous séparent ne sauraient étouffer.

– Je t'entends Sam. Je t'entends très bien.

– Bertrand, il faut qu'on marque un temps d'arrêt très net pour se laisser la parole, sinon on ne pas y arriver. T'as des news ?

– Ok, je te dis ce que je sais et après tu me donnes de vos nouvelles. Voilà, je sais juste que ton père et tous ceux que les autorités angolaises tiennent pour proches de lui sont effectivement indésirables. La cause officielle est floue. Mon père en sait très peu. Il s'agirait de problèmes plus ou moins liés aux diamants de contrebande. Aucune autorisation, aucun piston ne pourrait en l'état vous faire entrer. Et il ne faut d'ailleurs surtout pas vous aviser de franchir la frontière. Vous risquez tout simplement la cabane. Tu m'entends toujours ?

– Oui. Continue.

– Comme je trouvais les informations bien maigres, j'ai fait quelques recherches sur le trafic de diamants en Angola. Je ne vois pas ce que ton père pourrait avoir à faire de près ou de loin avec ça, mais sache que c'est un sujet important, qui mobilise grandement les Nations Unies. Si j'ai bien compris, le Nord du pays est l'une des principales zones diamantifères du monde. Les contrebandiers feraient commerce avec l'Europe, l'Europe de l'Est, les Balkans et des pays d'Afrique de l'Ouest pour financer la rébellion et s'approvisionner en armes.

– Quelle rébellion ?

– Toutes. Elles sont nombreuses en Afrique. En Sierra Leone notamment mais aussi en Angola. Les forces d'opposition au pouvoir sont puissantes. L'une d'elles s'appelle l'Unita. D'extrême gauche, elle se dit prête à répandre le sang pour renverser le gouvernement. Tu as forcément vu ces images de gamins, kalachnikov au bras... et bien c'est le modèle d'éducation de l'Unita. Voilà Sam, je t'ai dit tout de ce que j'ai pu collecter. Tu m'appelles d'où ? Vous allez comment ?

– Merci de tous ces efforts Bertrand. Merci aussi à ton père. Nous sommes au Botswana et rassure-toi, nous ne prévoyons pas de passer en Angola. Tout baigne. Nous devrions bientôt rentrer. Ne t'inquiète pas. On te rappelle. Bises.

J'ai quelques scrupules à abréger de la sorte notre échange téléphonique mais je n'ai pas envie de donner plus de détails.

Comment pourrions-nous retrouver la trace de mon père si des organisations d'état ou des groupuscules mafieux et paramilitaires n'y parviennent pas eux-mêmes ? À part nous mettre en danger et le cas échéant le mettre en danger, nous ne devrions arriver à rien.

L'histoire des diamants atterre complètement Denis, convaincu que rentrer est de loin la meilleure idée. Il me rassure et avance que mon père, assez malin pour échapper à ses poursuivants, le serait probablement tout autant pour se manifester au moment choisi. Denis met aussi le doigt sur autre chose : nos recherches pourraient porter préjudices à mon père, remettant de fait les Russes sur sa piste. Pire, approfondit-il, nous pourrions peut-être constituer une monnaie d'échange. Au point où nous en sommes tous les scenarii sont possibles. C'est décidé et c'est irrévocable : nous embarquerons sur l'un des prochains vols en partance de Gaborone. En dehors d'un extra pour ce soir, nous continuerons à raser les murs jusqu'à la salle d'embarquement. Nous nous paierons un vrai dîner dans un resto du centre, après être passés à l'agence de voyage du coin.

Denis, comme le reste de la ville, s'est endormi. Quant à moi, la panse bien pleine et les billets KLM en poche, je peine à m'extraire de mes doutes et de ce sentiment de culpabilité. Le choix du retour est sage certes… mais était-ce le bon ? Une chose est sûre, c'est celui de la raison mais pas celui du courage. Demain, une voiture nous emmènera dans la capitale Gaborone, d'où nous nous envolerons pour Amsterdam, et Paris, abandonnant peut-être mon père à ses tourments, voire à une deuxième mort. Ne pouvant fermer l'œil, je vois les heures passer avec lenteur jusqu'aux lueurs du jour qui taisent enfin les ronflements de Denis. Nous n'avons plus vraiment de bagages à préparer. Pourtant, nous veillons à empaqueter nos trois slips de survie avec une minutie inhabituelle, signe du grand départ.

Les doutes se font plus pressants encore dans le 4x4 avec chauffeur que l'agence de voyage a mis à notre disposition jusqu'à l'aéroport international. La route est magnifique. Tout mon être emmagasine cette Afrique où se cache peut-être mon père. Chaque fois qu'un homme blanc apparaît dans les villages que nous traversons, mon cœur s'emballe comme si c'était lui. Chaque fois, il me faut me retourner, scruter pour m'assurer que la confusion est impossible. L'épicentre effervescent de chaque bourg me facilite la tâche. Les vendeurs à la sauvette contraignent les véhicules à rouler au pas. Les regards trouvent le temps de se croiser, les détails trouvent celui de se fixer dans les yeux du voyageur. En d'autres circonstances, j'aurais adoré arpenter cette savane, convoiter ce fameux delta... J'ignore le nom du village où semble s'être englué notre 4x4 mais j'adore ce que ses rues exhalent. Peut-être est-ce parce que je me libère doucement de la pression qui pesait sur nous, mais j'ai besoin de reprendre du plaisir dans ces derniers kilomètres avant le retour. Là, le regard d'un enfant me trouble. Là, les couleurs et les senteurs d'un marché m'éblouissent. Ici, le coiffeur de rue m'amuse depuis sa cahute et ses sommaires équipements. On nous lance des sourires ou des gestes amicaux, comme cette femme qui salue l'embonpoint de Denis, ce garagiste qui rechape des pneus, ou bien encore cet homme en moto qui slalome à nos côtés. Son regard a pourtant quelque chose de différent, plus insistant peut-être ; d'autant qu'il s'attache à accorder sa vitesse à la nôtre. Non, ces yeux ont vraiment... comme si... c'est ça, j'y suis... je connais ce type. Il n'est pas casqué. Je suis sûr que je l'ai déjà vu !

– Vous pouvez accélérer s'il vous plaît ?

– Pourquoi ? me demande le chauffeur. Ne vous inquiétez pas, vous aurez tout le temps nécessaire pour embarquer.

– Là n'est pas la question. Accélérez s'il vous plait.

Denis sent que quelque chose ne tourne pas rond.

Il se redresse et jette un regard vers le motard. Pas de doute ; le deux-roues a produit la même accélération que nous. Nous sortons tout juste de la ville ; plus rien n'entrave véritablement notre chemin. Pourtant, le motard se tient toujours à notre hauteur.

– Je reconnais ce gars, hurle Denis. Rappelle-toi, il se cachait pour téléphoner au premier poste frontière. Je suis sûr que c'est lui.

– T'as raison Sam. Foncez, on est suivis. Foncez ! C'est une question de vie ou de mort. Ces types-là sont des fous. Il est armé, regardez !

Pris de panique, le chauffeur pile net, immobilise la voiture et file sans même nous dire un mot, laissant sa portière grande ouverte. Nous sommes pris au piège. Inutile de chercher à fuir, nous n'y parviendrions pas. Le motard béquille juste à côté de nous, sans jamais nous lâcher du regard. Nous apercevons plus distinctement son révolver flanqué contre sa ceinture. L'homme est grand, sec et musclé. Le blanc de ses yeux est injecté de sang. Ces mains sont immenses. Elles m'avaient déjà marqué à Ruacana. C'est absolument certain, il s'agit bien du même bonhomme. Il s'approche, l'allure droite et guerrière. Inconsciemment, Denis et moi nous enfonçons piteusement dans le siège du 4x4, comme deux petits garçons pris en faute. Le gaillard fait le tour de la voiture sans nous dire un mot. Il prend place à l'avant, referme la portière et passe la première. Toujours sans dire un mot, il reprend la route à faible allure.

– Qui êtes-vous et que nous voulez-vous ? lui dis-je.

Denis ouvre la portière et m'exhorte à sauter.

– Ne faites pas ça ! lance-t-il en français, d'une voix autoritaire. Nous devons parler.

– Ce sont les Russes qui vous envoient ?

– Des Russes ? Quels Russes ?

– Ok pour parler mais à condition que nous nous arrêtions dans un endroit fréquenté. Tenez, ici, lui dis-je, en pointant du doigt une station-essence.

Dans ces endroits reculés d'Afrique, les stations-services sont bien plus qu'un point de ravitaillement en pétrole. Elles sont des carrefours de troc, échanges en tout genre, particulièrement fréquentés. Suffisamment pour nous donner le sentiment d'un semblant de sécurité. Notre « kidnappeur » accepte et immobilise le véhicule à proximité des pompes. Cette docilité fait retomber un peu la pression. L'homme coupe le contact et le silence s'installe, un peu comme si chacun voulait laisser parler l'autre le premier. Je me décide.

– Que voulez-vous ?

– L'un de vous deux est-il Samuel Marin ?

Le type s'est tourné vers nous. Son bras immense semble envelopper les deux sièges avant dans toute leur largeur. Il a vraiment l'allure d'un tueur. Une cicatrice cisaille le haut de sa pommette gauche. Vraisemblablement des scarifications. Elles sont courantes en Afrique noire. Creux, ces dessins tégumentaires ont un sens tribal, rituel ou commémoratif. Chargés de pigment mélanique, ils façonnent dans ce contexte particulier des traits fort peu avenants, angoissants même. L'envie de mentir me traverse l'esprit. Pourtant, je réponds presque instantanément avec autant d'assurance que possible.

– C'est moi. Je vous écoute.

– Je m'appelle Sidney. Tout comme toi, je recherche ton père. Il est un ami et je suis très inquiet pour lui.

– Je ne doute pas un instant que vous le recherchiez. En revanche, qu'est-ce qui me prouve que vous êtes un ami ?

– Il m'a beaucoup parlé de toi. Il souffrait beaucoup de ne pouvoir ni te voir ni te parler.

– Attendez. Vous l'avez vu quand pour la dernière fois ?

– Il y a dix jours tout au plus.

– 10 jours ? Vous êtes sûr ? Denis, c'est une histoire de fou !

Je suis abasourdi, ivre d'une joie que Denis s'empresse de tempérer, rappelant qu'on ne connaissait ni d'Ève, ni d'Adam le porteur de la nouvelle.

– Comment allait-il ? Que fuyait-il ? Etait-il en bonne santé ? Prévoyait-il de revenir en France ? Devait-il prendre un prochain contact avec moi ? Etait-il en réel danger de mort ? Allait-il… ?

– Stop, stop, calme toi. En premier lieu, pour prouver ma bonne foi, sache que ton père m'a longuement parlé de toi, de tes récents problèmes de santé, de ta petite amie qui avait rompu. Crois-tu qu'il aurait abordé tout ça avec un ennemi ou une menace ? Maintenant, je ne saurai répondre à la moitié de tes questions. Je te confie tout et j'attends de toi que tu joues le même jeu. Je sais que quelqu'un à Maun t'a déposé une enveloppe. Que contenait-elle exactement ?

– Un mot menaçant nous demandant de quitter le pays et de l'argent en liquide.

– C'est bien ce que je pensais. Sache que ce doit être ton père qui te l'a adressée. Il te savait sur ses traces et voulait très certainement te tenir éloigné de ses problèmes.

– Mais quels foutus problèmes exactement ?

– Les pires qui soient : la pègre ukrainienne. Elle le chasse sans répit et fait peser sur lui un contrat. En d'autres mots, sa tête est mise à prix !

– Pourquoi ? Je ne lui connaissais aucune relation avec l'Ukraine ? Et vous vous êtes connus comment d'abord ? Et que faisiez-vous à Ruacana ? À qui téléphoniez-vous lorsque vous nous avez aperçus au poste frontière… ?

S'engage alors une large tirade, un peu ampoulée, faite de « R » largement roulés mais aussi claire que narrative.

– Écoute, c'est très compliqué. J'ai rencontré ton père alors qu'il s'était vu refuser l'accès à l'Angola. J'étais en poste le jour où ça s'est produit. Il semblait effondré. Désemparé. Effrayé même. Plusieurs heures plus tard, alors que mon service prenait fin, je le trouvais assis sur le bord de la route, comme seul au monde. Tout a commencé là. Je l'ai abordé pour savoir s'il avait besoin d'aide. Il ne s'est pas livré mais j'ai vite compris que ma compagnie le soulageait. Nous avons fait connaissance et le feeling est immédiatement passé entre nous. Il y a des rencontres comme ça... Le hasard semble avoir pris soin de croiser deux âmes faites pour se lier d'amitié. C'est curieux, je l'ai tout de suite ressenti. Alors, longue conversation, il est venu chez moi à quelques kilomètres de là. Je lui ai présenté ma femme et mes enfants. Il a vécu plusieurs jours avec nous. Ce n'est pas là que la traditionnelle hospitalité africaine. J'étais en confiance et j'avais plaisir à l'accueillir ainsi sous mon toit, parmi les miens. Mon plus jeune fils l'a tout de suite adopté. Ils ont beaucoup joué ensemble. Abdou s'amusait beaucoup des grimaces et des bêtises de ton père. Philippe s'est beaucoup soucié d'une enfant atteinte d'une grave maladie. Je crois même qu'il voulait prendre des contacts avec des organismes d'entre-aide médicale internationale. Pas en France, m'a-t-il dit. J'ignore pourquoi, il envisageait le moment venu de solliciter des interlocuteurs américains. Le soir, nous avons chaque fois veillé tous les deux jusque très tard dans la nuit. Il s'intéressait au village, aux questions liées à la santé ou à l'éducation. De mon côté, j'ai vraiment cherché à savoir qui il fuyait mais je n'ai pu collecter que quelques menues pièces du puzzle : je crois que ton père a été lâché par le gouvernement angolais. Il y a en Angola de gros trafics de diamants. On appelle ça « les diamants de la guerre ». Les Ukrainiens sont d'importants pourvoyeurs d'armes. Ils fournissent les rebelles contre des diamants. Et des mouvements rebelles, il y en a beaucoup, plus ou moins violents, plus ou moins organisés. Vous connaissez très certainement l'Unita, le plus célèbre et le plus puissant d'Angola. Mais il y a aussi des pseudo-fronts de libération, des ligues armées, des commandos en tout genre. Et tous, souvent sous l'égide de mercenaires fantoches, ont une vague revendication officielle pour justifier leurs exactions, pour justifier les meurtres, les viols, les pillages, les rapts d'enfants. Pour les uns, il s'agit de renverser le pouvoir. Pour les autres, c'est de gagner l'indépendance de certaines provinces angolaises dont les sous-sols sont particulièrement riches. Mais au final, il s'agit toujours d'enrichissement et de pouvoir. Je crois que ton père avait organisé une grosse opération entre l'Ukraine et l'Angola qui lui promettait une commission faramineuse. A-t-il été pris de remords, devant des conséquences qu'il n'imaginait pas ? A-t-il été contraint par les enquêteurs d'Interpol de se mettre à table ? Je l'ignore, mais je pense que rien ne s'est passé comme prévu. Il a dû dénoncer tous les protagonistes aux autorités angolaises. Un coup de filet a été tendu. Des hommes arrêtés et immédiatement emprisonnés et même exécutés. La marchandise a été pour partie saisie, les armes et le minerai. L'autre partie a tout simplement disparu. L'événement a été largement relayé par la presse, dans toute l'Afrique australe. Ce sont des dizaines de millions de dollars américains qui se sont envolés pour les donneurs d'ordre. Je me trompe peut-être mais je crois vraiment qu'il est à l'origine de toute cette tempête. Il ne m'a explicitement rien avoué mais ses allusions à Kiev, son attitude et les faits rapportés par les médias ne laissent que peu de place au doute. Il a un lien avec tout ça, c'est certain. Il cherchait peut-être à revenir en Angola pour glaner la protection que lui aura probablement promis le gouvernement angolais. À moins qu'il n'ait cherché à regagner Luanda pour toucher une somme d'argent qui lui était due. Il en sait de toutes façons trop et est certainement devenu gênant, y compris pour la garde-rapprochée du président angolais. Il est presque évident que des intérêts de l'Unita ont infiltré le pouvoir ou tout simplement que des collaborateurs se sont laissé corrompre au sommet de l'exécutif. Je ne vous apprends rien en vous disant que la corruption est la gangrène de l'Afrique. Ces diamants sales ne trouveraient pas d'existence commerciale sans le consentement de quelques dignitaires locaux véreux. Songez pour mesurer la portée du trafic que les rebelles de l'Unita peuvent, selon les estimations, collecter jusqu'à 100 millions de dollars en un an ; à fortiori si la situation militaire gouvernementale vient à se dégrader.

– Et comment avez-vous perdu la trace de mon père ?

– Il est parti une nuit en laissant un mot de quelques lignes. Il s'excusait de devoir nous quitter ainsi. Rien ne nous renseignait sur ses intentions ou sa destination. J'ai fait interroger les esprits et même la grande pierre de granit voisine de nos habitations. Mais en vain. Les traditions séculaires ne nous ont rien livré.

– Pouvons-nous voir ce mot ? jette Denis, toujours inquisiteur.

– Non, son père me demandait de le détruire après lecture. En revanche, il m'avait, quelques heures plus tôt, laissé une note à ton attention. Elle ne signifie rien pour moi mais tu en comprendras peut-être le sens :

« Au huitième jour suivant l'espérée rencontre, ou tous les premiers de chaque mois, tu te présenteras devant le graal émeraude. 27 aurores boréales et 59 soleils levants se succèderont pour te guider. 26 apôtres debout et 782 prières accompagneront les lueurs verdoyantes tandis que 50 disciples, eux gisants, et 127 prières illumineront l'aube naissante. Mes anciens vœux se verront exaucés et nos retrouvailles encensées sur les traces de Wil. »

J'arrache le papier des mains de ce nouvel informateur. Avec émotion, j'y trouve sans équivoque l'écriture caractéristique de mon père. Une calligraphie quelque peu torturée qui resserre les lettres entre elles autant que possible, presque jusqu'à l'illisibilité. De ces pattes de mouches étriquées jaillissent sans explications rationnelles, des formes démesurément amples, aux boucles et aux déliés exagérément travaillés. Je suis tellement absorbé par la forme que j'en oublie complètement le fond dont Denis me fait partager son l'analyse avec finesse :

– C’est pas seulement Bob Denard ton père, c’est un vrai mystique ! C’est quoi ce charabia ? Un mauvais jeu de pistes ? Tu piges quelque chose à toutes ces c… ?

– Non, je ne comprends rien du tout ; « apôtres », « prières »… ces mots ne lui ressemblent pas. Il est un anticlérical convaincu, un hérétique voué au même bûcher que moi.

– Sidney, vous n’avez pas d’autres explications ? Et pourquoi mon père ne nous a pas remis ce mot ou des instructions plus évidentes avec l’enveloppe qui contenait les billets ?

– Je l’ignore.

– Denis, t’en penses quoi ? On maintient le départ ? S’il s’agit d’un rendez-vous, je dispose de trente jours pour m’y rendre.

– On rentre, maintient Denis. Nous ne décrypterons peut-être jamais ce foutu message. Je suis partant pour réfléchir aux façons de le décoder, mais devant la télé, les pieds sur ma table basse en sirotant un grand coca light, en grignotant des chips à l’échalote et sans cinglés à mes basques. Alors si vous êtes d’accord tous les deux, on reprend la route pour Gaborone et Sidney on vous rappellera !

D’un signe de la tête, je donne mon approbation à Sidney qui, dubitatif, remet le contact.

– Attendez juste une seconde crie Denis. Puisqu’on est là, je profite de l’arrêt pour faire une pause-pipi. Y doit bien y avoir des toilettes dans ce bouge ! Mon vieux copain a déjà repéré la cahute supposée faire office de toilettes. Il sort du 4x4, referme la portière comme il claquerait la trappe d'un vieux char russe, lourdement. Puis, faussement nonchalant, il se dirige vers les w-c, disparaissant dans le flot et le tumulte des taxis-brousse. Tandis qu'il accomplit l'impérative besogne, je me refuse à poursuivre la conversation seul avec Sidney. Peut-être de peur que des révélations nouvelles échappent à Denis et ne le contraignent à s'en remettre à mes restitutions. Dès lors, son absence me paraît bien longue. Je ne vais quand même pas l'accompagner pisser ! me dis-je impatient, quand le capharnaüm le laisse réapparaître, à nouveau par intermittence. Je l'observe et il m'amuse. Il a ce petit air satisfait de lui et ce léger rictus bien particulier. Puis un inconnu stoppe la noble procession de Denis. Je ne vois pas grand-chose. Tous deux sont trop loin. Pourtant, je vois que l'homme, manifestement un type du coin, affublé d'épaisses lunettes de soleil, s'adresse à Denis en lui tenant fermement le bras. Attentif, je me tiens prêt à intervenir si la situation s'envenime. Mais c'est une discussion calme qui semble se tenir. Denis écoute sans jamais répondre si ce n'est par de timides mouvements de la tête. Enfin, l'homme libère le poignet de son interlocuteur et lui tend ce qui semble être une carte de visite. Denis l'accepte, la place instantanément dans la poche arrière de son pantalon et prend congé la mine quelque peu pincée.

À peine a-t-il regagné la voiture que je m'inquiète de cette rencontre.

– Qu'est-ce qu'il te voulait ce lascar ?

– Il était lourd ce type. Il voulait absolument m'emmener dans le delta de l'Okavango. T'as vu comme il était insistant. Je crois qu'il était prêt à vendre sa mère pour être mon guide. Bon, j'ai bien réfléchi et on réfléchit mieux la vessie vide : on reste ! On trouve le bureau de l'agent de voyage à Gaborone, on rend la caisse en leur expliquant que leurs chauffeurs sont des « flippettes » et on annule le retour.

– T'as fumé quelque chose aux toilettes ?

– Denis n'est pas homme à renoncer si près du but. Tiens-le toi pour dit mon garçon ! Sidney, on repart, on se trouve une piaule d'hôtel bon marché et on déchiffre le rébus du vieux !

Cette volte-face de Denis m'étonne, même si je sais la versatilité du personnage. Elle me désarçonne. Je crois que je m'étais fait à l'idée du retour en France et j'étais surtout convaincu que Denis en avait soupé de nos hasardeuses pérégrinations. Et là, tout à coup, il m'apparaît plus déterminé que moi.

On dit le silence fécond. Voilà plusieurs heures que nous sommes tous trois stoïques dans la réflexion et pourtant rien ne veut sortir de nos têtes. N'avons-nous donc aucune imagination, aucune intuition ? Chacun a recopié de sa propre main l'énigme laissée par mon père. Chacun se concentre à sa manière. Sidney est assis sur le lit, le regard vide, les jambes croisées dans une position semblable à celle du lotus. Denis, quant à lui, reprend les mimiques que je lui connaissais au lycée. Les sourcils froncés, la bouille fermée et circonspecte, il se caresse le bouc puis finit par coller l'index sous son nez. Et moi, je multiplie les cent pas dans la énième miteuse chambre d'hôtel de notre voyage. Je m'agace devant ce navrant manque d'inspiration. Ce message m'est destiné. Je connais mon père. Je suis supposé savoir lire entre les lignes, identifier ce rêve à exaucer… Mais rien. Sec. Je reste sec. Le cercle que je décris dans l'étroite pièce n'a rien de vertueux. Il est vicieux. Les heures passent, mon esprit s'enlise dans une nervosité et une agitation de plus en plus stériles.

Denis rompt le silence.

– Allez Sam, on récapitule. Les centres d'intérêt de ton père ? Redis-moi ?

– Ils sont nombreux. Pas facile d'isoler ce qui pourrait avoir un rapport avec son texte, avec ces foutus apôtres, ces prières et tout le tralala.

– On se fout qu'il y ait un rapport ou non. Vas-y, énumère…

– Je ne sais pas moi, il se passionne depuis toujours pour les voyages, pour les avions, la mer, les grands explorateurs. Môme, il me contait sans relâche les exploits des coureurs des mers, des découvreurs, des aventuriers au long court. Il s'abreuvait des bulletins de l'Hakluyt Society, la fameuse encyclopédie des grands voyageurs. Il dévorait les épopées de ceux qu'il se plaisait à appeler les braves. John Hunt et l'Everest. Brazza au Congo. Pavie en Indochine. Charcot dans les glaces de l'Antarctique. Segalen aux confins de la Chine. Rimbaud en Ethiopie. Livingstone, Cartier. Erik Le Rouge... Voilà les dieux de mon père, ses guides, ses héros modernes. Il enviait leurs quêtes, celle du lointain, de l'inconnu, du danger, de la solitude aussi. Il saluait leur courage, et cette impatience, cette frénésie de l'ailleurs. Il rappelait que beaucoup ne sont jamais revenus mais que tous ont été des pionniers, des précurseurs ou des éclaireurs. Je te promets que je peux te faire un exposé sur chacun de ces types. J'écoutais ces histoires fabuleuses avec une jubilation toute filiale. Souvent, alors qu'il s'embarquait dans l'évocation romanesque de ces fantastiques expéditions, mon père laissait sa main parcourir, caresser devrais-je dire, la sphère terrestre de ma chambre. Tu sais cette grosse Terre que nous avons tous eue gamins, et depuis des générations. Toi-même, je suis sûr que tu en as eu une aussi. Chaque fois le rituel était le même. Mon père vivait l'histoire autant qu'il me la racontait. Je le devinais, dans son for intérieur. Il laissait tourner le globe dans le creux de sa paume, puis l'arrêtait soudainement, laissant faire le hasard et se figurant ou s'inventant le décor et les légendes que pointait son index. Certains noms avaient pour lui une résonance mythique, porteuse d'absolu, de consécration aventurière. Il fallait le voir s'emballer à la seule lecture de Tombouctou, Angkor, Valparaiso, Samarkand... Crois-moi, c'était à voir. Il se muait en une espèce de Lucchini, complètement habité par ses rêves. Mais attention, ça allait plus loin. Parce que le goût du voyage et de l'aventure nourrit invariablement celui d'autres disciplines pour lesquelles mon père avait effectivement une affinité manifeste : la plongée, le bateau, la cartographie, l'ethnologie… Et rebelote sur chacun de ces thèmes. Mon père pouvait se laisser aller à un lyrisme passionnel, envoûtant souvent, à la seule vue d'un poisson perroquet.

Denis, désormais avachi sur la couverture jaunâtre et franchement pelée de son lit, a été aussi attentif que patient. Je crois qu'il mesure que j'ai finalement plaisir à parler de mon père.

– Sam, attends une minute. « Sur les traces de Wil ». L'énigme se termine par ces mots. Dans la liste des gloires dont ton père te parlait, n'y avait-il pas un clampin nommé Wil ?

– Comme ça, ça ne me dit rien.

– Y compris en abréviation ou en sobriquet ? Ton père a pris soin de mettre un point après le L, comme pour préciser qu'il s'agit d'un surnom ou d'un raccourci, comme pour suggérer une intimité ou une proximité.

– Non, je ne vois pas. J'ai beau passer en revue ces récits mille fois racontés, mille fois « sur-joués », je ne vois pas.

– Restons un peu là-dessus. Y a-t-il des phrases toutes faites que ton père avait l'habitude de te rabâcher, pour la morale, l'exemple ou la doctrine ? Mon père par exemple m'a fait grandir sous les « ne remets pas à demain ce que tu peux accomplir aujourd'hui ». Je suis sûr que le tien avait quelque chose d'analogue sur la thématique voyage / aventure / passion…

– Il me disait souvent qu'il aurait préféré vivre cent ans plus tôt quand la Terre restait à explorer. En dehors de ça, je n'ai pas souvenir de phrases toutes faites, dogmatiques ou moralisantes.

– Bon, Sidney on ne t'entend pas. T'as un point de vue sur la question ? En l'état, tu ne sers à rien, lance Denis gentiment moqueur !

– Je vous écoute tous les deux et je réfléchis...

– Sam, où ton père s'est-il rendu le plus au nord et le plus à l'est ? Ou bien connais-tu des aventuriers du grand Nord, d'Extrême-Orient ou du Japon ? Il évoque les aurores boréales et les soleils levants. Ça signifie bien quelque chose.

– Mon père n'a pas autant voyagé qu'il l'a rêvé. Rien de significatif à ma connaissance. Quant aux aventuriers connus et reconnus, il y en a des dizaines. Je n'en vois pas dont le nom ou le prénom commencerait par Wil.

– Et des religieux qui auraient bourlingué ? T'en connais ?

– Oui, bien sûr. Ne serait-ce que parmi les missionnaires partis évangéliser l'Afrique noire ou l'Amérique du sud. Mais ceux-ci, mon père ne les évoquait que rarement. Probablement trouvait-il la cause moins respectable.

– Et si les chiffres étaient des coordonnées géographiques ? murmure Sidney, davantage pour lui que pour la collectivité.

– C'est vrai quand on y pense, les prétextes à

l'aventure sont rarement de nobles causes. La soif de conquête, l'ego, l'endoctrinement… l'essentiel des expéditions cache un autre versant, c'est…

– Chut ! m'interrompt Denis. T'as dit quoi Sidney ?

– Non, non, je vous écoute et je réfléchis.

– Si si, tu as parlé de chiffres, insiste Denis.

Je me demandais si les chiffres posés sur le papier ne pouvaient pas être des coordonnées géographiques ?

– Pas con ! reprend Denis. Des points GPS en somme ?

– Oui, pourquoi pas.

– Tu sais comment ça fonctionne, je n'y connais rien du tout ?

– Oui. En Afrique, comme dans tous les endroits vastes et naturels du monde, on les utilise beaucoup.

– Vas-y on t'écoute, explique.

– Et bien c'est très simple. Il y a deux valeurs principales, celle qui correspond aux latitudes et celle qui correspond aux longitudes ou méridiens. Pour déterminer la première, on coupe la Terre en deux, au niveau de l'équateur. Puis on compte les degrés qui séparent le point en question de l'équateur en précisant nord, si on remonte vers le nord, ou sud si on descend. Le principe est exactement le même pour la deuxième valeur, les méridiens, sachant que l'on coupe toujours la Terre en deux, mais cette fois dans le sens de la hauteur, sur le méridien de Greenwich, la même référence que pour les fuseaux horaires. On compte les degrés qui séparent le point concerné de Greenwich en précisant est si l'on part à droite et ouest si l'on part à gauche. Les valeurs qui suivent affinent la position.

– Alors, si je suis ta théorie les aurores boréales pourraient signifier le nord tandis que les soleils levants pourraient indiquer l'est. Sam, tu crois ton père capable d'un truc aussi tordu ?

– Yes. Surtout depuis qu'il navigue !

– Ça tient plutôt bien l'hypothèse de Sidney, ça donnerait un rendez-vous au point 27°nord et 59°est. Mais que signifie le reste demande Denis, se tâtant une nouvelle fois l'extrémité du menton ?

– Les « apôtres debout » pourraient dénombrer l'axe des ordonnées. Comprenez le détail GPS des minutes et des secondes nord. Tandis que les gisants incarneraient l'axe des abscisses, le détail des minutes et des secondes est. Sidney poursuit son argumentation, précisant que le nombre des « prières », si cette thèse des points géographiques est la bonne, pouvait fournir une précision de l'ordre de la centaine de mètres. L'explication est plus difficile. Les minutes, les degrés, la vitesse de rotation de la Terre... Sidney reconnaît ne pas être suffisamment calé.

– Et t'as une idée de l'endroit où se trouve ce point géographique 27°nord et 59°est ? Tu crois que c'est au Botswana ? En Angola ? interroge Denis manifestement bluffé par la démonstration de Sidney.

– Non, je ne peux pas vous dire précisément. Ou toutefois si, je peux vous assurer qu'il ne s'agit pas du Botswana ou de l'Angola. Ni même d'un pays d'Afrique noire. Pour moi, c'est la plateforme arabique. Mais pas de souci pour avoir l'info précise. Je peux savoir ça en un coup de fil.

– Quoi ? La plateforme arabique ? C'est quoi ce délire ? peste Denis abasourdi !

– Sidney, tu crois pouvoir appeler depuis l'hôtel ?

– Oui Sam. C'est un appel local. J'y vais tout de suite. Ça ne coûtera rien. J'appelle de vieux copains, ils sont rangers dans un parc voisin.

– Moi, j'irais bien téléphoner à ma mère. Ça fait un moment que je n'ai pas donné de nouvelles. Je file à la poste, c'est à deux pas. Je ne pars que quelques instants.

– Tu veux que je vienne avec toi Denis?

– Non, pas de souci. Je fais vite et t'inquiète, je reste prudent.

Sidney et Denis ne s'absentent que pour quelques minutes. Je profite de ce moment pour remettre un peu d'ordre dans ma tête. C'est un peu comme si je découvrais un nouveau visage à mon père, resté des années dans l'ombre. L'ai-je d'ailleurs jamais vraiment connu ? J'ai tout simplement le sentiment de vivre l'histoire d'un autre. Comment mon père et moi, avec un passé familial et une existence a priori tellement ordinaires, avons pu nous retrouver dans une situation pareille ? Allongé sur mon lit, je laisse errer mes pensées vers les souvenirs de famille, les jeux avec papa, les histoires fabuleuses racontées les soirs de mon enfance, les parties de foot...

– Sam, tu dors ? s'inquiète Sidney à son retour.

– Non, du tout. Je pensais. Alors t'as l'info ?

– Oui, le sultanat d'Oman ! Je n'ai pas plus de précisions. Mais d'après mes amis, il s'agit bien du sultanat d'Oman. Tu vois où c'est ?

– Oui, je vois très bien. Mon père m'en a souvent parlé. Plus jeune, quand il s'amusait à m'interroger sur les grandes capitales du monde, il me coinçait souvent avec Mascate. Ah, tiens Denis, puisque te voilà de retour… Capitale d'Oman s'il te plaît ?

– Mascate. Pourquoi ? Non, ne me dis pas… ?

– Si, si ! Sidney vient à l'instant de me dire que le sultanat correspond aux points géographiques donnés. Nous n'avons à cet instant pas plus de détails. On sait le pays c'est déjà bien !

– Et t'en penses quoi ? Ça te paraît plausible ?

– Oui, c'est le genre de destination qui fascinait mon père. En premier lieu parce que personne en France ne connaissait ce pays. Ensuite parce qu'il a toujours rêvé de traverser le Rub al-Khali, le désert de Lawrence d'Arabie. Après, on peut faire parler les mots à souhait, mais le « rêve exaucé » pourrait tout à fait être celui-là. Et puis attends une minute, il y a un autre mot qui désormais fait tilt, c'est le mot « encensées ». « Nos retrouvailles encensées »… Oman n'est-il pas le pays où est né l'encens ? Si bien sûr ! Je crois qu'on est sur la bonne piste. La route de l'encens commence dans le Dhofar, une province omanaise. C'est de ses arbres et de ses terres que provenait la précieuse marchandise, encore exploitée d'ailleurs !

À mesure que je réfléchis, je déroule les réponses

à l'énigme comme des évidences que j'avais sous mon nez depuis le départ.

– Quant à Wil, je crois savoir maintenant à qui mon père faisait allusion. Ce n'est pas le plus connu des aventuriers, mais c'est lui, j'en mets ma main à couper : Wilfred Thesiger.

– Qui donc ? demande Denis qui fait semblant de rechercher dans le fin fond de son érudition.

– Wilfred Thesiger, un type qui a sillonné le désert avec des bédouins, du Yémen à l'Arabie Saoudite en passant par Oman.

– Mais ça remonte à quand, poursuit Denis ?

– C'est récent. C'est un contemporain, toujours vivant, une espèce de Théodore Monod à l'anglaise. Je crois même que mon père l'a rencontré récemment à l'occasion d'une conférence. Ses aventures remontent à l'après-guerre, me semble-t-il. Elles ont donné lieu à un bouquin, *Le désert des déserts*, qu'avait évidemment lu mon père.

– Jamais entendu parler, reconnaît Denis.

– Mon père aimait le personnage.

En parlant, les détails me reviennent :

– Il m'avait fait le portrait d'un homme hors normes, à commencer par son apparence : très grande taille, très grand nez, très grandes oreilles. Un homme qui rejetait en bloc le monde tel qu'il se façonnait. Un homme qui alla jusqu'à renoncer à sa condition bourgeoise britannique pour aller vivre avec les bédouins, habillé en bédouin et s'exprimant dans leurs différents dialectes. Cet homme disait même vouloir mourir sur ces terres d'Arabie, le corps laissé aux chacals et aux implacables chaleurs.

– Mais il le connaissait personnellement pour l'appeler Wil ? Il est quand même bizarre ton vieux !

– Je ne sais pas.

– Moi non plus précise Sidney. Je n'avais jamais entendu le nom de cet homme.

– Et maintenant qu'on pense avoir trouvé le lieu du rendez-vous, on fait quoi ? demande Denis perplexe ?

– Je ne sais pas. T'as eu ta mère au téléphone ?

– Ouais, mais la communication était très mauvaise. Je n'ai aucune nouvelle particulière à te donner de France, je ne comprenais rien, répond Denis, évasif.

– Sidney, tu sais si c'est jouable de prendre la route pour Oman ?

– Oublie, ce n'est pas une bonne idée. Vous allez mettre un temps infini sans parler des difficultés administratives, des obtentions de visas… et pas la peine d'envisager de passer par le Soudan pour prendre le bateau à destination de l'Arabie Saoudite. Prenez l'avion.

– Denis tu penses qu'on passe en budget ?

– Oui avec le remboursement KLM, ça va le faire. Ce sera plus compliqué pour le Mascate-Paris. Mais on fonce et on verra bien !

Les adieux sont solennels. Comme toujours, la séparation est faite de promesses, formulées ou non. Je me jure de revoir Sidney. Il est devenu un ami. Son aide nous a été précieuse et nous nous sommes sentis en sécurité à ses côtés. Je me jure aussi de poursuivre le travail amorcé par mon père pour aider la petite fille de son village. Bref, je n'échappe pas à la règle, celle des bonnes intentions dictées par l'émotion. L'accolade est franche et chaleureuse. Je donnerai de nos nouvelles à Sidney en passant par l'agent de voyage qui a géré nos billets d'avion. Il est même convenu que, par le truchement de ce même agent, Sidney nous renseigne sur la localisation exacte des coordonnées géographiques. Nous passons le contrôle et Sidney disparaît derrière l'énorme vitre opaque qui conduit les passagers vers les salles d'embarquement.

– On a près de deux heures à tuer avant de décoller. Je crois que je vais rappeler la France, me dit Denis un peu désabusé.

– Tu vas rappeler ta mère ? Je ne t'ai jamais vu l'appeler autant ! Il s'ennuie de sa « mamounette » mon gros Denis ? Il veut que je lui talque les fesses pour elle ?

– T'es con. Je t'ai dit qu'hier la conversation était inaudible.

– Je déconne. Vas-y.

Les services télécom botswanais proposent des cabines pour les communications internationales. Denis, avec sa pudeur habituelle, refuse de prendre celle voisine de la mienne. Pire, je l'observe, il semble se cacher, tellement mal à l'aise de joindre sa petite maman sous mes yeux. Ça me fait marrer.

Puis revient détaché et toujours très laconique quand il s'agit de me résumer ses échanges avec sa mère. « Tout va bien », c'est en substance la synthèse, plus que « synthétique », d'une conversation de presque dix minutes. Inutile que je le cuisine, il est têtu comme la pire des mules, je n'en saurai pas plus. Dommage, j'aurais aimé connaître un peu l'actu à Paris. J'ai cru voir dans la presse que Francis Bouygues était mort. Jamais je n'ai été à ce point déconnecté : black out total pendant des semaines. Une telle parenthèse promet, je le crains, un retour difficile. Rapidement, nous prenons place dans le 737-400 de la compagnie kenyane. Nous laissons Gaborone dernière nous avec notre minable chambre d'hôtel pour seul souvenir de la cité botswanaise. J'espère que nous avons fait le bon choix. À mesure que l'appareil prend de l'altitude, j'observe que nous avons décidé ce long voyage sur de simples supputations. Leur pertinence, dans mon esprit, s'effrite au rythme de l'altimètre. Dans quelques heures, après une courte escale à Nairobi, nous débarquerons à Mascate, capitale du sultanat d'Oman, où nous ne connaissons rien ni personne. Curieusement, je sens mon Denis encore plus impliqué, aussi désireux que moi d'aller au bout de l'aventure. Ce sentiment me déleste de la culpabilité qui m'avait pesé jusqu'alors. Denis avait décidé avant moi de renoncer au retour en France. Les deux Pieds Nickelés, les deux baroudeurs de kermesse se sont aguerris avec le temps et les kilomètres. Ils se sont musclés, non pas physiquement (le miracle n'a pas eu lieu) mais psychologiquement. Et la peur, celle des rebelles, celle de l'insuffisance matérielle, celle d'être à nouveau confrontés à la mort comme ce fut le cas avec Luccho en Argentine... cette peur s'est peu à peu lissée avec le temps. Qui sait ? Peut-être que Livingstone ou Marco Polo étaient aussi couards que nous aux premiers pas de leurs aventures ! Et puis changer ainsi de continent nous donne le sentiment de prendre nos distances avec les dangers. Ces mercenaires ont le pouvoir de faire trembler avec leur kalachnikov. Je doute qu'ils auront celui d'associer « Wil » à « Thesiger », les « aurores boréales » à des degrés nord ou bien encore « l'encensement » au sultanat d'Oman.

Bien sûr, quelques vieux réflexes paranoïaques ressurgissent parfois. Comme maintenant avec ce grand type que je surprends, quelques rangs derrière nous, nous observer bizarrement. Il ne m'inspire pas avec sa montre et sa chaîne clinquantes. Son look d'Africain arriviste ne me revient pas et suffit à m'alerter. Denis et moi ne nous parlons pas ou peu. Mon acolyte a toujours cette mine fermée et solennelle qu'il traîne depuis quelques jours. Je vois qu'il s'agite sans explication, se retourne souvent, avec une discrétion toute maladroite. Le relâchement et la détente tardent à se faire ressentir. J'essaie à intervalles réguliers de décoincer Denis mais rien n'y fait. Pas même mes gentilles railleries sur le moment fatidique où l'hôtesse de l'air (jolie métisse) lui remet le plateau repas entre les mains. Parce que la scène est réellement délicate, semblable à celle du duvet ; rappelez-vous nos premières nuits dans le Nord de l'Argentine. La configuration siège/tablette laisse tous les passagers trop corpulents dans l'embarras. C'est simple, il est impossible pour Denis de baisser la tablette à 90° et d'y poser son plateau repas. Elle s'arrête bien au-dessus du nombril. Au mieux c'est une pente de 30° qui emporte absolument tout. Quant aux boissons, inutile de préciser qu'il faut trouver une autre solution que l'oblique tablette. Bref, pas facile pour Denis de prendre l'avion dans de bonnes conditions. Et encore, je ne m'étends pas sur le comportement des passagers déjà en place au moment précis où Denis entre dans l'appareil. Tous ceux qui ont un siège libre à leurs côtés prient tous les dieux de ne pas voir en lui le voisin des cinq prochaines heures. Les têtes se tassent dans les épaules. Les regards se crispent. Ils s'imaginent déjà tassés, écrasés contre le hublot.

C'est pathétique, ils ne fardent même pas leur inquiétude. Au menu de Kenyan Airways, une espèce de bœuf-carottes bouilli, un Pepsi et une salade de tomates. Voilà des repères qui nous plaisent. En une minute, nous engloutissons notre plateau et usons de nos charmes les plus redoutables pour obtenir du très sexy personnel navigant deux plateaux supplémentaires. Comme dirait Denis : ce qui est mangé n'est plus à manger, on ne sait pas ce qui nous attend ! S'en suit alors une profonde sieste jusqu'à Nairobi avec un scénario en tous points identique pour la liaison Nairobi-Mascate, la réaction des passagers, la tablette, les hôtesses..., un véritable bis-repetita.

Denis a bien voulu me laisser le hublot. Alors qu'il digère avec Morphée, j'observe l'infinie créativité des nuages et songe à mon père, à nos possibles retrouvailles. Pour les sceller à jamais, pour témoigner d'une complicité et d'un attachement que les événements n'auront pas su démentir, déjà mille projets et mille idées déferlent. Toute cette histoire terminée, nous reprendrons une vie normale, celle d'un père et d'un fils heureux de partager des moments simples, capables de les savourer : un déjeuner sur un coin de table, un match à la télé, une balade à moto... Peut-être lui et moi reprendrons-nous la route ensemble, celle de ses héros. Ou mieux encore, peut-être écrirons-nous le récit de nos aventures, celui de sa fuite et celui de mes longues recherches, jusqu'à cet épilogue dans les pas de Sinbad-le-Marin. Pourquoi pas ? Les grands récits de voyage combinent toujours authenticité et vécu d'une part, divertissement et rebondissements d'autre part. Quant aux voyageurs eux-mêmes, ils ont souvent ce sens littéraire intrinsèque qui restitue leur périple en un roman haletant, les paysages et les éléments en une symphonie poétique et les personnages en de truculentes rencontres. Mon père pourrait bien cacher cette prédisposition artistique. Pour qui se prend le narrateur vous dites-vous ? Celui qui se qualifiait plus tôt d'Indiana Jones du dimanche se verrait-il soudainement en fils d'un Livingstone ? Évidemment non. Pas plus que je ne revendique le moindre talent plume à la main. Ce serait bien le contraire même. Pour autant, je m'amuse à pousser un peu plus loin l'hypothèse d'un roman co-écrit dès notre retour. Cette idée, j'en suis sûr, dessine en ce moment même un léger rictus sur mon visage. Elle confondrait un moment l'histoire de mon père avec celle de ses icônes. Elle le rapprocherait de moi surtout. Peut-être livrerait-il des confidences auxquelles il s'est le plus souvent refusé. Sa vie professionnelle. Sa vie affective. Sa séparation avec ma mère. Ses copains. Ses trafics… Et puis, en toute objectivité, ce que nous avons vécu ces dernières semaines ne manque pas de sel ! Deux couillons inaptes à l'aventure en quête d'un type a priori vivant et poursuivi par des fous furieux, voilà une vraie levure. Le fantasme est farfelu, certes... tellement farfelu qu'il séduirait mon père à coup sûr. Quant à séduire un éditeur ? C'est déjà beaucoup moins évident... quand bien même je m'engage à vendre quelques exemplaires aux grands-parents, oncles, tantes, copains fidèles et même à la grand-tante de Perpignan... Les grands, les « tatoués », ceux-là mêmes historiques qui forcent l'admiration de mon père partaient à n'en pas douter avec la volonté, l'aspiration profonde de s'inscrire dans l'histoire littéraire ; chacun ayant en référence quelques glorieux pionniers. Ce n'était pas franchement le dessein caché ! Qu'importe, nous, pauvres anonymes sans envergure ni étoffe particulières, pourrions le faire pour nous seuls, au titre du loisir, au titre du moment passé ensemble ? Peut-être même le projet serait-il plus noble, plus beau, si l'ambition de confier un manuscrit à un tiers venait à s'évaporer finalement ? L'effort commun et l'intimité déversés dans ces quelques centaines de pages n'auraient eu d'autres bénéficiaires que nous seuls et notre complicité. Peut-être plus tard les enfants et petits-enfants qui viendront, en profiteraient à leur tour, et y trouveraient quelque fierté.

– Je nage en plein délire, me dis-je soudain en consultant ma montre dans un léger frisson. N'importe quoi. Écrivain, jeune papa... je ne sais pas ce qui est le plus grotesque. Prochain sultan d'Oman pendant que j'y suis... J'aurais dû faire un somme comme Denis. Ça m'aurait épargné ces rêves éveillés de demeuré !

Voilà justement Denis qui gesticule. Il a certainement senti l'appareil amorcer la descente. La voix douce de la chef de cabine confirme d'ailleurs l'imminence de l'atterrissage. Elle récite en trois langues le discours bien rôdé dont vous connaissez le refrain. Le sultanat approche. Il est même déjà là, sous nos ailes, dans un mélange de bruns et d'ocres, témoins de l'aridité et des chaleurs d'Arabie. Curieusement, j'inspire profondément puis expire longuement, comme un sportif prêt à tenter un nouveau record ; pour me donner du courage je crois. J'ignore ce qui nous attend, mais je suis persuadé que ça va être « corsé ». Denis, déjà, avait eu ces mots « euphémistiques », à notre arrivée en Afrique. Il ne pensait pas avoir raison à ce point.

La famille de Sidney habite la maisonnette jaune, dressée, précaire, à proximité immédiate de l'ancien dispensaire finlandais. Le village d'Ombalatunga, à quelques kilomètres de Ruacana, vit au rythme des rassemblements et des cultures agricoles. Les premiers sont arrosés de Cuca, brassée à quelques kilomètres, de l'autre côté de la frontière. Quant aux secondes, elles sont essentiellement faites d'omavo, oignon d'eau et aliment de base de cette région de Namibie. Ombalatunga n'a rien des clichés les plus répandus en Europe sur l'Afrique subsaharienne. Point de famine ici. Point de cases. La vie est simple mais paisible et sereine. Les villageois ne possèdent pas grand-chose, hormis de sommaires bâtisses en dur, souvent balayées par d'épais vents de sable. Les enfants sont à l'école. Sauf la petite dernière restée avec sa mère et sa grand-mère. Endormie, le sein de maman encore en bouche, elle se laisse bercer par le bruit de la machine à coudre ; une véritable antiquité, qui a probablement connu la Namibie allemande. À deux pas de là, dans la maison voisine, la petite Katura, 8 ans et forcée au repos, n'est pas à l'école non plus. Ce qui semble être une vilaine tumeur au cerveau la prive de son enfance, des joies et des jeux de son âge. Outre la fatigue, ce sont aussi des douleurs violentes ou lancinantes qui l'accablent quotidiennement. Son regard se vide un peu plus chaque jour, comme si la lassitude l'emportait irrésistiblement sur l'envie de survivre. Comme si la maturité de l'enfant malade lui rappelait sournoisement que ses mois, peut-être ses jours, sont irrémédiablement comptés. L'injustice frappe deux fois la fillette. D'abord celle d'avoir contracté une pathologie gravissime. Ensuite, celle de l'avoir contractée dans ce pays qui ne pourra de toutes façons rien pour elle. Une petite Américaine aurait peut-être quelque espoir d'en réchapper avec le talent et la technologie des grands hôpitaux de New York ou de Boston. Mais ici… à Ombalatunga… quelles sont les chances d'endiguer le mal ? Katura est belle. Katura reste gaie. Katura est courageuse. Elle veille à ne jamais se plaindre de ce mauvais sort. Elle est soutenue par le village tout entier. Chacun lui rend visite, lui apporte des beignets, des fruits. Ses petits camarades viennent même lui dispenser le résumé consciencieux de ce qui leur a été enseigné dans la journée. Et c'est à la maman que revient la charge de tempérer ces bonnes ardeurs pour préserver les forces de sa petite patiente. Les anciens, chaque soir, se rendent sur la grande pierre qui jouxte le village. Ils y sollicitent les dieux pour qu'ils veillent sur Katura. Tous sont convaincus qu'un miracle viendra sauver la petite.

Sidney, lui-même, considère Katura comme l'une de ses filles. Il explore toutes les possibilités capables de lui redonner espoir, qu'elles lui viennent de son Afrique ancestrale ou du monde moderne qu'il côtoie par ailleurs. Il ignore quelle voie privilégier, tiraillé entre les croyances héritées de ses aînés et un cartésianisme grandissant malgré lui. Sydney, justement, revient du marché avec des fruits. Un sac entier est prévu pour Katura. Comme chaque fois, il se hâte, impatient de voir ce large sourire terrasser un instant la souffrance de l'enfant. Alors qu'il s'apprête à interpeller la petite, comme il le fait presque quotidiennement :

– Katura, devine qui c'est ?

Le ronronnement inhabituel d'un moteur de voiture, de camion peut-être, attire son attention. Il se retourne, curieux de voir quel engin se cache derrière ce bruit sourd. Deux monstres de pick-up surgissent de nulle part. Des deux débarquent plusieurs hommes en armes. Instantanément, Sidney se sait en danger. Il est trop tard pour prétendre fuir. D'autant qu'il mettrait probablement le reste du village en danger. Et puis, il sait qu'il doit assumer. C'est lui qui avait ramené ce blanc parmi les siens. En un clin d'œil, une dizaine d'hommes cagoulés se postent devant lui, le mettent en joug. Le reste du village est partagé entre prudence et solidarité. Les hommes accourent mais restent à distance tandis que les femmes se réfugient avec les plus jeunes dans les habitations. Le gang armé, pour décourager toute initiative héroïque et pour clarifier ses intentions, ajuste les murs de la maison de Sidney. Avant même de dire un mot, il décharge ses mitraillettes d'une salve interminable. Les fusils crachent leurs projectiles dans un fracas assourdissant. Sidney essaie de hurler plus fort encore que ne claquent les balles et supplie de cesser le feu. Il implore de croire qu'il ne sait rien, qu'il n'est qu'un petit agent du poste frontière, qu'il est sans richesse et sans secret.

– Croyez-moi, le seul secret qui m'a été confié est incompréhensible. Je suis prêt à collaborer, à vous le transmettre mais je n'en ai pas la clef. Donnez-moi un papier. Je vous écrirai ce que je sais. Vous verrez que c'est le charabia d'un illuminé. Il est passé par ce village, mais que pouvais-je faire pour lui. Son fils m'a retrouvé. Je lui ai dit la même chose. Et puis, pourquoi aurais-je mis ma famille en péril ? Qu'avais-je à y gagner ?

Aucun des hommes en armes ne répond. Leur silence les rend plus menaçants encore. Leur équipement est digne d'une véritable unité militaire. Seul l'uniforme et le port désinvolte des uns et des autres font défaut. Les fusils d'assaut, les cagoules, les radios côtoient les baskets trouées et les casquettes. C'est encore pire… le fantasque se marie à la force. Soudain un homme descend du second véhicule, celui resté en retrait. Sidney ne parvient pas à dissimuler sa peur. D'autant que l'homme, téléphone satellite à la main, semble pressé et décidé. Il s'arrête à hauteur du leader, campé debout sur le plateau arrière de l'auto.

Placide, le chef se penche pour mettre son oreille à la hauteur d'une bouche laissée visible par le trou mal dessiné de la cagoule ; une bouche faite de dents blanches immaculées, de tâches d'or et de larges trous. S'engagent alors des messes basses et une période de flottement incompréhensibles. La détermination affichée s'est délitée. Le leader reçoit vraisemblablement de son téléphone une consigne qu'il n'apprécie pas, à laquelle il n'adhère pas et qui le déstabilise. Il tente de reprendre le dessus, parle d'abord doucement puis force de plus en plus la voix. Aucun doute, sous la cagoule, se cache un Africain, et même un Angolais à en croire certaines consonances syllabiques. Ce qu'il dit est tout simplement insaisissable pour Sidney. Malgré un fort accent angolais, cela semble tenir du russe.

Stoppant net sa conversation, l'homme descend à son tour et avec énergie du véhicule. Il vient se placer tout contre Sidney. Les deux hommes se regardent les yeux dans les yeux. L'intensité de l'échange est extrême. Le regard de l'un est celui d'un assassin. Il est plein de haine, de violence et de crimes. Celui de l'autre est son contraire. Il est fait de peur, d'appels à la clémence et de passivité. Le mercenaire vient caler la pointe de son fusil sous le menton de Sidney. La pression est telle qu'elle relève la tête de Sidney vers le ciel. Le cou de Sidney dégagé laisse apparaître de nerveuses déglutitions. La transpiration dévale depuis son front jusqu'à la poitrine, épousant tour à tour les formes du visage, de la gorge et d'une pomme d'Adam saillante...

Le souffle de Sidney s'est accéléré. Les veines qui tracent ses larges tempes se sont dilatées. Bientôt Sidney attend la mort sous le regard incrédule de tout un village pour un blanc qu'il a protégé sans vraiment le connaître.

– Tu mens ! jette soudainement l'agresseur dans la langue maternelle de Sidney. Je viens d'avoir la preuve que tu mens et c'est ce qui te sauve espèce d'enc... du moins jusqu'à ce que je revienne te saigner comme un porc et baiser ta femme. Tu as de la chance, vermine. Tiens, prends ça ! termine-t-il en décochant un violent coup de tête qui le fait vaciller puis s'effondrer.

Sidney est à terre. Il se tient le nez et ne dit mot ni même ne laisse apparaître quelque sentiment et ce, malgré le flot de sang. Le chef ordonne le départ. Il embarque sur son fier promontoire mécanique. À nouveau les moteurs hurlent leur puissance. Les voitures entament une violente boucle et soulèvent un nuage de poussière pour finalement repartir. Elles laissent un village médusé, traumatisé, un Sidney abattu vraisemblablement plus par la conscience d'avoir risqué la perte des siens, que celle d'avoir pu perdre sa propre vie. Hagard, il regarde sa femme, ses yeux dévastés implorent son pardon.

Voilà trois heures que nous avons débarqué et nous ne sortons que maintenant du Seeb International Airport de Mascate : les bagages, les formalités douanières, le changement de nos pulas botswanais en rials omanais, un nouveau coup de téléphone de Denis vers la France, une pause pipi…

Et là, c'est le choc. La chaleur. Ami lecteur, vous croyez avoir déjà eu chaud ? Et bien si vous n'avez pas mis les pieds dans ce coin du monde, il vous reste à découvrir ce qu'est une chape de plomb proche des 50°. À défaut de faire le voyage et pour approcher la chose, une idée simple : à l'occasion de prochaines vacances à Saint-Raphaël ou à la Grande-Motte au mois d'août, restez une petite demi-heure dans votre voiture en plein soleil et fenêtres fermées. C'est un peu ça. On cherche une bouffée d'air frais qui n'arrive jamais. L'oxygène dont s'emplissent nos poumons nous brûle la trachée. On a le sentiment de pouvoir aller mieux en se délestant de quelques vêtements, mais on n'a déjà plus rien sur soi. Chaque gorgée d'eau quitte instantanément l'organisme à travers les pores de la peau béants et ruisselants. On est las du moindre effort, baigné d'une perpétuelle et détestable moiteur. Et quand la différence culturelle vient s'additionner au choc thermique, c'est vraiment l'impression d'avoir changé de planète qui domine. Nous venons pourtant du Botswana, faut-il le rappeler. Ce n'est quand même pas la Creuse ! L'atmosphère est feutrée, presque déroutante. Les hommes sont en disdacha blanche. Un blanc incroyable. Un blanc que Denis et moi serions bien incapables de garder en l'état plus d'une dizaine de minutes. Ces Omanais nous impressionnent. Ils nous apparaissent sobres, droits, dignes, élégants. L'animation de l'aéroport, les vociférations et les soubresauts qui émergent toutefois tiennent à la population indienne, sri-lankaise ou philippine, nombreuse sur toute la plate-forme arabique, y compris à Oman. Déjà dans l'aérogare, le fossé qui sépare les locaux pure-souche des migrants nous stupéfait. L'on se demande de prime abord comment de tels contrastes parviennent à coexister ?

Personne ne nous sollicite. Ici, pas de racoleurs, de guides ou de vendeurs à la sauvette... C'est comme si nous étions transparents. Nul ne guette le chaland, nul ne prête attention aux deux types un peu paumés qui, vraisemblablement, ne savent pas par quel bout prendre leur entrée sur le territoire. Le touriste n'est pas convoité ici. Peut-être n'existe-t-il tout simplement pas... Une chose est sûre, le premier charter FRAM n'est pas pour demain ! C'est étonnant d'ailleurs. Nous sommes en 1993, le monde se réduit chaque jour avec la sophistication des moyens de transport et de télécommunications. Il reste pourtant des destinations quasiment inconnues en France. N'y a-t-il donc rien à visiter à Oman ? À ce sujet, dit-on à Oman ou en Oman ? Prononce-t-on Oman ou Omanne ? Bonnes questions. À dire vrai, je n'en ai pas la moindre idée.

Décidément, je ne sais plus si j'aime ou si je déteste les premiers pas dans un pays à découvrir. Bien sûr, il y a cette part d'exaltation, d'impatience et de curiosité mais il y a toujours cette petite pointe d'appréhension, cette conscience d'une vraie vulnérabilité ; quand bien même l'endroit semble paisible et sûr.

– Vous êtes Français ?

Plantés sur le trottoir, Denis et moi ne comprenons pas immédiatement que la question nous est posée. Nous qui n'intéressions personne…

L'homme, la quarantaine, plutôt beau gosse, le teint mat et la silhouette sportive réitère sa question, cette fois en anglais :

– French ?

– Bonjour, heu… oui Français. Vous aussi ? Comme souvent en pareilles circonstances, Denis s'efface et me laisse entretenir la conversation.

– Oui, répond notre interlocuteur, de Choisy-le-Roi. Ça fait plaisir de voir de jeunes Français débouler à Oman. Je peux vous dire que vous n'êtes pas des centaines. Vous êtes ici pour les vacances ?

– Oui, si on veut. Mais sans programme bien déterminé. Et vous ? Vous êtes ici pour affaires ?

– Non, je vis ici.

– Expatrié ?

– D'une certaine façon. Je bosse à mon compte dans la pisciculture. L'élevage de la crevette et du poisson, leur conditionnement et leur exportation. Je m'appelle Bernard. Content de vous rencontrer, dit-il avenant, en nous tendant la main.

– Nous, c'est Denis et Sam.

– Vous allez où ? Vous voulez que je vous dépose quelque part ? je me rends à Mutrah…

– On ne sait pas trop. C'est où Mutrah ?

– Bah, les gars, ça ne m'a pas l'air vraiment préparé votre balade omanaise, ironise notre nouveau copain. Allez suivez-moi, je vous emmène. Mutrah c'est un quartier portuaire de Mascate. Il devrait y avoir un petit hôtel ou deux dans le secteur.

J'attends la validation de Denis. Ces seuls sourcils me renseigneront exactement. Un privilège de vieux couple ! Ici, le feu vert n'a pas tardé et nous voilà, en quelques instants à peine, en route, tout disposés à recevoir une formation accélérée sur Oman. Comme d'habitude, je prends place aux côtés du conducteur. Denis s'installe à l'arrière.

– Je vais être franc avec vous les gars, explique Bernard, la vie ici présente bien des intérêts. Pour autant, elle est souvent rendue difficile par l'éloignement et la solitude qu'elle implique. Le climat, les mœurs… tout est différent.

Volubile, Bernard poursuit sans même nous laisser glisser la moindre réplique. Pas même une simple onomatopée.

– La communauté étrangère est peu nombreuse. À part dans les très grands hôtels, il est tout simplement impossible de prendre une mousse à 10 heures du soir, à la « fraîche », jamais bien fraîche. Vous avez l'intention de louer une voiture pour visiter le pays ?

– On ne sait pas encore.

– Faites gaffe, dès que vous sortez des sentiers battus, ça devient très vite l'aventure. Prenez toutes les précautions, de l'eau, une roue de secours, et tout le toutim... Vous avez toutes les chances de crever au moins une fois sur les pistes rocailleuses des montagnes, de rester plantés dans les sables de l'ouest ou de vous égarer. Et croyez-moi, quand vous êtes coincé dans le désert avec cette chaleur, vous sentez que ça peut vite très mal tourner. N'allez pas trop traîner près de la frontière yéménite ; ce n'est pas recommandé.

– Et les Omanais ? Ils sont sympas ?

– Dites-donc, il ne parle pas beaucoup votre copain, s'étonne Bernard désignant Denis avant de poursuivre :

– Sympas ? Les Omanais ? Très ! Mais toujours sur la réserve. Vous le savez, ici l'Islam est ouvert et plutôt doux. Le sultan Qabus lui-même doit être un type bien. Mais la religion est omniprésente. Elle suppose qu'on respecte un minimum de règles, qu'on soit musulman ou non. Les gens, malgré le kandjar qu'ils portent à la ceinture, sont hospitaliers et toujours très dévoués pour l'étranger de passage. Même les chefs de tribu. Ça vous va si je vous dépose dans une espèce de pension bon marché, la seule, à bien y réfléchir, que je connaisse à Mascate ? Quelque chose me dit que vous ne voulez pas consacrer un budget dispendieux à votre hébergement. Celui auquel je pense est assez bien placé, à proximité du souk. Je vous aurais bien proposé de venir à la maison mais Cindy et moi reprenons un vol très tôt demain matin pour Abou Dhabi. Nous y restons toute la semaine. Cindy, c'est ma femme. Enfin presque. Nous devrions nous marier dans deux mois. Elle est Portoricaine ! Et elle est la seule, je pense, dans toute l'Arabie !

Tandis que Bernard reste intarissable sur Oman, sa vie, son travail, sa famille... je tâche de m'imprégner de ce nouveau décor. Les quartiers sont autant de cuvettes encastrées dans des montagnes d'olivine et de cristaux vert-bronze. La ville est comme extirpée du cagnard et de la caillasse. Il est presque impossible d'en comprendre la configuration ; d'autant que les avenues sont toutes jumelles. Elles se ressemblent sans nuance avec leurs immeubles de deux ou trois étages dressés au-dessus des commerces de proximité. Les maisons elles-mêmes ne se hasardent pas à l'excentricité. Elles paraissent toutes sorties du même bureau d'étude. Aussi blanches que les disdachas de leurs occupants, elles forment des cubes répétitifs bordés de hauts murs. Au loin se dressent les montagnes de l'hostile désert de l'Akhdar, qui de ses 3.000 mètres d'altitude veille sur la Côte des Pirates. Le soleil est encore haut dans le ciel. Bernard nous dit faire un détour par le palais du sultan, la « Promenade » de Mascate et son fameux souk au plafond tressé.

– C'est express, nous dit-il, un city-tour à la japonaise. Mais ça aura au moins le mérite de vous familiariser avec les lieux !

L'atmosphère est singulière, loin de la clinquante opulence associée aux voisins émiratis ou qataris. Le palais du sultan rappelle la magie d'un conte des mille et une nuits, un tantinet grandiloquent, intemporel, assez irréel finalement. Puis vient cette longue promenade, une improbable Croisette d'Arabie devant laquelle mouille le yacht de l'autorité suprême. Hergé se serait délecté de cet univers. Tintin et le capitaine Haddock y auraient poursuivi le vil Rastapopoulos et sa « coke en stock ». Bernard immobilise la voiture, le temps de faire quelques pas dans le souk. Il faut faire vite. On ne badine pas avec la discipline ; la double-file, contrairement à Cannes, n'est pas tolérée ici. La quiétude du site est stupéfiante. Les gens vaquent doucement à leurs occupations. Les discussions marchandes se font paisiblement. L'exhalaison d'encens est omniprésente, elle participe à ce sentiment de sérénité pourtant très éloignée de l'idée qu'on se fait des souks et de leur agitation. Puis nous remontons en voiture pour gagner presque par hasard le « Zanzibar Hôtel ». Il ne s'agit pas de l'établissement auquel pensait Bernard initialement, mais peu importe... sobre, central, à peine propre, un peu pourri... Ce sera parfait.

Comme pour se décomplexer de nous débarquer dans un hébergement tellement bon marché, notre Français prend soin d'expliquer le nom de l'hôtel par les relations commerciales historiques qu'Oman et l'île tanzanienne entretiennent depuis des siècles. Il s'assure qu'une chambre est bien disponible, nous laisse sa carte de visite, pour « le cas où » et nous souhaite d'heureuses vacances. L'hôtel n'a rien de paradisiaque mais je dois reconnaître qu'il est d'un grand confort d'arriver dans de telles conditions. Fatigués, plus par la chaleur que par le voyage, nous prenons nos quartiers. La chambre est certes simple mais finalement très correcte ; avec une vue privilégiée sur le marché aux poissons et l'extrémité nord de la promenade. Denis semble pensif tandis que je décharge le contenu de mon sac à dos, bien décidé à laver mon linge.

– Tu te vois t'installer ici comme l'a fait Bernard ? me demande Denis, le front calé contre le carreau.

– J'sais pas trop.

– Moi, j'aurais du mal a priori. La seule question de la chaleur est rédhibitoire. Je suis équipé pour les températures polaires moi. Je n'ai rien à foutre ici. C'est un peu comme si tu envoyais un ours blanc dans le trou du cul du Niger, ou bien comme si... Denis s'interrompt :

– Putain Sam ! Putain Sam, insiste-t-il. Putain Sam, ton père ! Je le crois pas Sam. Ton père là ! Il passe quasiment sous nos fenêtres. Viens !

Je me précipite, renverse les sacs et chute entre les lits. Je me relève en un éclair.

– Où Denis, où ?

– Là.

– Mais c'est où « là » Denis. Montre, décris ! hurlé-je hystérique.

– Là, juste à côté de la voiture jaune !

Je n'en crois pas mes yeux. Il est là à moins de cent mètres, bien vivant !

– C'est lui. Ouvre la fenêtre Denis, essaie de l'appeler. J'y vais.

Je bondis, descends les escaliers quatre à quatre et me retrouve le long de la promenade en un clin d'œil. Très vite, la voiture jaune est mon point de repère. Je cours dans sa direction n'hésitant pas à percuter les passants. Je traverse sans même prêter attention à la circulation. Un bus pile à mon passage, dans un tonnerre de klaxons. Il s'arrête tellement près de moi que je m'appuie sur son capot pour m'élancer de plus belle. Arrivé à la hauteur de la Mazda jaune, je m'arrête, me tourne et me retourne à 360°, une fois, deux fois, trois fois même ! Mais je ne vois pas mon père ! Je virevolte, pars dans un sens puis dans un autre, essoufflé, crispé. Je peine à retrouver la fenêtre depuis laquelle Denis me fait de grands gestes. Là. Elle est là, coincée entre deux bâtiments plus massifs. Denis m'indique dubitatif la direction à suivre. Je poursuis mon effort, scrute les commerces, les taxis... Rien. Mon père s'est volatilisé. Impossible de me résoudre à lâcher. J'arpente la promenade et les rues adjacentes de longues minutes. Rien. Pas même dans ce marché aux poissons qu'il a très certainement déjà visité.

Il est monté dans une voiture, j'en suis presque sûr. La frustration est grande, incommensurable. L'essentiel est là pourtant. Mon père est dans ce pays. Mieux, il est dans la ville. Nous touchons au but. M… !!!

Il semblait en forme, quoiqu'amaigri. Je lui ai même trouvé une certaine allure, le teint halé, la barbe naissante et la saharienne décontractée. Je suis d'ailleurs plutôt fier de l'homme que j'ai vu, devenu lui-même aventurier, baroudeur au long cours. Il porte en lui désormais ces mêmes mystères que les découvreurs dont il me vantait jadis la bravoure.

C'est un père paré d'une nouvelle étoffe que je vais retrouver...

Carte à la main, Denis valide notre arrivée à Tiwi. À en croire Bernard que nous avons joint par téléphone, le wadi répondrait précisément aux coordonnées géographiques dictées par l'énigme. Nous voilà donc au rendez-vous, le 1er du mois, au point 27° Nord, 26', 782" / 59° Est, 50', 127". Il n'y a rien ni personne. La cadre est somptueux. N'importe où dans le monde, en pareil décor, auraient déjà fleuri les baraques à frites et autres parkings d'autobus... mais ici, rien. L'entrée du wadi est bien distincte. Une coulée verte part du littoral et perfore la roche en un étroit canyon. Elle s'amorce par une étendue d'eau stagnante, ourlée de mousse et de nénuphars. Une barque est laissée à la disposition de quiconque veut entrer dans cette enceinte naturelle d'un vert émeraude étincelant : peut-être le graal auquel faisait référence le rébus tordu de mon père ? Denis et moi patientons de longues minutes. Nul ne se présentant, nous nous décidons à inspecter le wadi. Pour une fois précautionneux, nous nous équipons : casquettes, bouteilles d'eau et même crème solaire... C'est dire ! Denis se débrouillera seul pour se badigeonner la nuque et le derrière des cuisses... La barcasse n'a pas de rames. Mais une corde est tendue d'une rive à l'autre. Il suffit de tirer sur les bras, comme on se hisserait, pour passer de l'autre côté. Ce site est étonnant. Des palmiers verdoyants et une eau devenue vive et cristalline offrent ici une vie secrète, dissimulée au cœur de la roche. La fraîcheur y défie la fournaise, la volupté y tutoie la dureté. À intervalles réguliers, nous lançons quelques appels. En boomerang, l'écho nous les renvoie aussitôt en un curieux canon acoustique. La balade est longue. Nous avançons comme seuls au monde. Pourtant, je suis convaincu que nous sommes au rendez-vous. Ce type, mon père, doit être décidément un homme différent. Je crois qu'il avait raison, il s'est trompé d'époque pour conduire sa vie. Quel autre père pourrait avoir l'idée de s'inventer un rencard avec son fils dans ces entrailles d'Arabie, dans ces entailles minéralogiques ? Puis le wadi se resserre, s'escarpant de plus en plus, jusqu'à finir en impasse. À moins bien sûr que nous n'improvisions une courte séance de varappe ! Mon seul regard posé sur les prises qu'offre la paroi rocheuse, mon seul doute en somme, inspirent à Denis une formule lapidaire :

– Oublie !

Ce que je fais sans discuter. Le retour à la voiture est la meilleure suite à envisager ; suite que nous veillons à jalonner de nombreux ravitaillements en eau. Le chemin inverse nous paraît plus long, les effets de la chaleur plus pénibles. Alors que nous arrivons à proximité de la barque, nous apercevons le gyrophare d'une voiture de police, vraisemblablement stationnée à côté de notre véhicule de location.

– Qu'est-ce qu'ils foutent là ? Tu ne vas pas me dire qu'on est mal garés ! Y a pas un chat ! s'interroge Denis.

– Aucune idée, en tous cas, je ne vois pas qui on aurait pu gêner.

– Peut-être n'avions-nous pas le droit d'emprunter cette barque.

– Oui, ou peut-être s'agit-il d'un simple contrôle de routine.

– En tous cas, les keufs ont l'air de nous attendre.

– Un peu gauches, avec la crainte d'avoir été pris en défaut, avec le sentiment d'être observés, nous nous hâtons, reprenons la corde et la barque puis regagnons notre 4x4 et les policiers qui l'encadrent.

– Hello ! lançai-je avec candeur.

– Hello, wherrre arrre you frrrom ? nous répond l'un des agents.

Voilà un rare endroit du monde où je me sens bilingue. Si les Anglais eux-mêmes avaient pu rouler les « R » comme le font les Arabes du Golfe, j'aurais pu envisager différemment mon avenir professionnel...

– Puis-je voir vos passeports ? poursuit-il en anglais.

Denis et moi nous exécutons et présentons instantanément nos papiers. L'homme se dirige vers le véhicule de police et prend une information en arabe à la radio, avant de s'adresser à l'un de ses collègues, toujours en arabe.

Ce dernier enchaîne :

– Connaissez-vous un dénommé Philippe Marin ? S'agit-il d'un parent ?

– Oui, c'est mon père ? Pourquoi ? Vous le connaissez ? Il est dans le secteur ?

– Et pourquoi n'êtes-vous pas avec lui ?

– C'est une longue histoire, mais nous ne nous sommes pas vus depuis longtemps et je crois qu'il m'a donné rendez-vous ici. Mais pourquoi me parlez-vous de lui ?

– Monsieur, je suis au regret de vous dire que votre père est... mort ! Son corps vient d'être retrouvé à quelques centaines de mètres d'ici. Un assassinat. Deux balles, à bout portant semble-t-il ...

Je ne parviens pas à dire un mot. Le choc, comme un coup qui m'aurait véritablement été porté. Tout se dérobe. J'ai le sentiment de sortir de moi et d'être le témoin de ma propre tragédie. Les larmes ne viennent pas, pas tout de suite, tant la colère succède à la surprise. Dans une pulsion exutoire, expiatoire peut-être, je brise le rétroviseur de notre voiture, puis enchaîne les coups de pieds et les coups de poings sur la portière. Pourquoi cette fin ? Pourquoi cette deuxième mort ? Pourquoi cette sadique ironie du sort qui me fit toucher des doigts mon rêve, pour m'en priver finalement ? N'avions-nous pas mérité, lui et moi, de nous retrouver ? Denis reste sans voix tandis que je continue à m'agiter.

Les policiers nous signifient qu'il faut les suivre.

Ils prennent soin de m'indiquer qu'un pêcheur des environs vient d'apporter un témoignage qui d'emblée lève toute ambiguïté sur notre possible implication. Il s'agit donc, si nous avons bien compris, d'honorer les démarches administratives requises et bien entendu de reconnaître le corps…

Je suis toujours groggy quand nous parvenons dans le centre de police flambant neuf. Denis ne cherche pas à trouver de vains mots. Il sait que je ne les entendrais de toute façon pas. Je suis comme en plein brouillard dans cet interminable couloir. À son terme, une silhouette massive entrave le passage d'un faible faisceau de lumière. Un homme grand et corpulent se dresse là devant nous. À peine suis-je arrivé à sa hauteur que ses larges bras m'enveloppent et m'étreignent sans retenue. Quoique surpris, je me laisse manipuler comme un vieux chiffon. Même mon regard ne parvient pas à véhiculer ni la surprise, ni le questionnement.

– Samuel, me dit l'homme en anglais, je suis très heureux de te rencontrer enfin, même si les circonstances me plongent dans un profond chagrin.

Je ne réponds pas, tandis que l'imposant gaillard prend soin de saluer Denis. La soixantaine, l'homme porte la disdacha, Indien ou Pakistanais. Il en impose avec sa barbe poivre et sel, son turban rouge et sa montre en or. Il paraît sincèrement affecté. Ses yeux rougeoyants contrastent avec sa stature. Quant à la femme qui se tient à ses côtés, elle ne cesse de pleurer malgré les tentatives répétées de ressaisissement.

– Samuel, je suis Pradeep, un ami de ton père. Et je te présente une amie, Nashwa également très proche de Philippe. Ton père avait sur lui mon numéro de téléphone. La police m'a joint après l'avoir trouvé sur son corps.

– Un ami de mon père ?

Je peine à rassembler mes esprits. J'essaie d'être courtois mais n'en ai pas envie. J'essaie de comprendre ce qui m'arrive mais n'y parviens pas.

– Mais je n'ai jamais entendu parler de vous ?

Peu à peu, je prends sur moi, me concentre et tâche de reprendre la main. Je trouve les questions mais n'en attends même pas les réponses. Tout est désordonné.

– Et puis, où vous seriez-vous rencontrés ? Vous savez ce qui s'est passé ? Qui l'a tué ?

– Ton père et moi nous sommes rencontrés à Paris il y a deux ou trois ans. Il assistait à une conférence à l'hôtel Bristol et je figurais moi aussi parmi les invités. Nous avons bavardé, nous nous sommes revus quelques jours plus tard pour finalement devenir très amis...

Un agent interrompt la conversation et s'adresse à Pradeep qui s'empresse de restituer ses propos.

– La police veut que vous identifiez le corps dès maintenant pour que soit pratiquée une autopsie.

– Une autopsie ? Pas question ! Il s'est pris deux balles dans le buffet... Ce n'est pas suffisamment explicite?

– Mais c'est la procédure dès lors qu'il s'agit d'un

meurtre. Je vais voir ce que je peux faire pendant que vous reconnaîtrez le corps.

Pradeep s'empare du téléphone vieillissant qui équipe le bureau voisin, sans même demander quelque autorisation. Il agit ici en notable, en homme d'influence. Et les policiers se comportent avec déférence et condescendance.

– Suivez ces hommes. La morgue est juste à côté d'ici. Vous n'aurez même pas à prendre la voiture.

Nous nous exécutons. Pradeep nous adresse un geste de la main qui nous rassure, laissant supposer qu'il prend les choses en main.

Nous y sommes. Mon père est là devant moi. Inerte et paisible. Aucun stigmate de peur ou de violence. En paix, tout simplement. J'ai l'impression qu'il dort et qu'avec un petit d'effort il se réveillerait. Je n'ai jamais vu un mort. J'ai bien envie de le serrer contre moi, de l'embrasser. Impossible pourtant. Retenu par cette idée que je me tiens autant face à mon père que face à la mort. Je suis seul. Le personnel de la morgue s'est effacé aussitôt le corps extrait d'un compartiment froid. Denis, quant à lui, a jugé bon de me laisser l'intimité du recueillement et des adieux. À dire vrai, je suis trop secoué pour communier avec mon père. Impossible de fixer mon esprit sur une idée, une pensée, un partage. Les lieux sont trop macabres. Les événements trop précipités. Et puis, ça signifie quoi communier, prier ? Comment conditionner son esprit, où l'amener ? Je préfère m'en tenir à ces quelques minutes et regagne le commissariat pour confirmer le décès de Philippe Marin, à 51 ans, assassiné ce 1er août 1993, au sultanat d'Oman, sur les traces de Willy Thesiger, au point géographique 27°nord, 26', 782" / 59°est, 50', 127". Assassiné pour de sombres histoires de diamants et de règlements de compte auxquels je ne comprends rien et ne comprendrai probablement jamais rien. Mon père est à tout jamais parti et ses secrets, ses tourments avec lui. L'homme que je m'apprêtais à découvrir ne m'a pas laissé le temps d'en savoir plus à son sujet. L'autre facette ne sera donc jamais dévoilée.

Le soir venu, Pradeep et sa discrète épouse nous invitent dans leur luxueuse demeure de Mascate. Ils se soucient du contrecoup. Nashwa nous accompagne de même qu'un Français, également intime de mon père, un financier spécialisé dans l'investissement en Middle-East comme il dit. Un repas indien végétarien nous attend. Une multitude de plats nous est présentée. Des couleurs et senteurs nombreuses défilent et se renouvellent sans cesse. Je maîtrise autant que possible mes émotions. Tout est fait pour que je me sente à mon aise. Ni compassion outrancière, ni détachement. Avec pudeur, nous apprenons à nous connaître et peu à peu la soirée me paraît devenir plus légère. Il m'est même agréable de bavarder avec ces gens que je ne connaissais pas hier encore. Il m'est même possible de plaisanter avec cette étrange assemblée en évoquant le manque de ponctualité ou de méticulosité de mon père. Chacun y va de son souvenir, de son anecdote pour illustrer le plus fidèlement mon père et sa personnalité. Tous le connaissent très bien. À les croire, tous me connaissent tout aussi bien. Pourtant, Pradeep, malgré lui, ne tarde pas à m'expédier une nouvelle claque :

– Samuel, il me faut te dire que j'ai tout essayé. J'ai même sollicité le chef de la police de la ville. Mais rien n'y fait. L'autopsie est incontournable. C'est la loi. En revanche, une fois la désagréable tâche accomplie et le diagnostic du légiste rendu, tu détermineras ce que tu entends faire de la dépouille. Seule ta foi, celle de ton père ou ses desiderata ante-mortem doivent guider tes choix. La question du financement est réglée. Tous les gens ici présents ont décidé de payer les obsèques de ton père ; quel que soit le prix.

– Je suis très embarrassé. Très touché surtout et vous remercie de votre hospitalité et de votre accueil. Je suis contrarié bien sûr par cette histoire d'autopsie mais il semble que je n'ai pas d'autre choix. Quant à la nature des obsèques, je n'en ai aucune idée. Pas une seule fois, je n'ai abordé cette question avec mon père. L'a-t-il fait avec l'un d'entre vous...?

Nashwa prend la parole :

– Une fois, il m'a dit qu'il ne pensait pas rentrer en France. Il ne s'y croyait pas le bienvenu. Héritier d'aucune terre, d'aucune ville, d'aucun quartier, il n'adhérait pas à l'idée de se faire enterrer.

Émile, le Français confirme et donne plus de

précisions :

– Je me souviens qu'il trouvait nauséabonde l'idée de voir sa tombe abandonnée partir en décrépitude. Il ne voulait pas contraindre son fils ou ses proches à entretenir une symbolique plaque de marbre et à déposer des chrysanthèmes chaque 1er novembre !

La remarque me fait sourire, tant j'imagine mon père tenir ces propos. Il était attaché au spirituel mais réfractaire aux simagrées chrétiennes qui l'accompagnent.

– Et vous Pradeep, votre sentiment ? lui demandé-je ?

– Je suis par conviction absolument hostile à l'idée d'enterrer un défunt. Pour moi, seules la cendre et la poussière doivent revenir à l'eau du fleuve ou de la mer. Il me semble que Philippe adhérait à cette philosophie dont nous avons souvent parlé. Pour autant je n'oserais me prononcer formellement sur ses volontés.

La conversation prend un autre tour, presque philosophique ou théologique. Il y a autour de la table des obédiences différentes. Nashwa est musulmane, Pradeep hindou, Emile et Denis chrétiens et moi, cette fois j'en ai presque honte... rien. Même pas agnostique. Athée, dit-on. L'incompréhension entre tous est souvent totale, mais le respect de l'autre indéfectible. J'observe Nashwa lorsque Pradeep aborde la crémation. Elle l'écoute attentivement mais ne peut décidément souscrire à l'idée même de brûler un mort. Son regard m'implorerait presque d'éluder cette éventualité. Chacun étouffe tant bien que mal des convictions trop ancrées, trop vives pour être ignorées. Les amitiés doivent absolument l'emporter sur l'idéologie cultuelle ; mais je ressens toute la difficulté qu'éprouvent les uns et les autres à ne pas transposer leurs propres points de vue aux possibles volontés de mon père. Tous se sentent proches de lui et je comprends que tous voudraient agir pour lui comme ils l'auraient fait pour un frère.

– Philippe n'était pas musulman, ose Nashwa, mais laissez-moi vous donner ma position, celle d'une musulmane croyante et modérée. Le Coran prétend que porter atteinte à l'intégrité du corps, qu'il s'agisse de crémation, de momification, d'exposition zoroastrienne, que sais-je encore... revient ni plus ni moins à déshonorer et à détruire la création de Dieu. Pour nous, le respect de la dépouille mortelle est un devoir islamique. Peut-être connaissez-vous Aïcha, une femme du prophète. On lui prête une phrase que j'aime à rappeler lorsqu'un proche ou un ami cher quitte ce monde : « n'insultez pas les morts, car ils reposent là où leurs propres œuvres les ont conduits ».

– Dites, ne devrions-nous pas épargner à Samuel ce difficile débat ? Sa journée et celle de son compagnon de route n'ont-elles pas été suffisamment pénibles ?

– Emile, tu as raison ! acquiesce Pradeep en patriarche. Nous reparlerons de tout ça demain, Samuel. Et tu devras ne pas tenir compte des positions contrastées de cette noble assemblée. Je nous sais, tous autant que nous sommes, héritiers des croyances de nos parents, de nos grands-parents, prisonniers des traditions peut-être. Amis français, enchaîne-t-il volontairement sans transition, cette cuisine est-elle à votre goût ? Pas trop relevée ? Je sais que vous autres, européens, avez quelques fois le palais sensible !

– C'est très bon Pradeep. Vraiment, répond Denis.

– Où voulez-vous dormir ce soir ? s'inquiète Nashwa. Nous avons les clefs de la maison dans laquelle Philippe résidait. Il y a de la place et je peux vous amener des draps propres, des serviettes de toilette... Vous êtes les bienvenus chez moi aussi. Les enfants seront contents de vous connaître. Tous adoraient Philippe.

– Il est entendu que vous pouvez aussi opter pour venir à la maison. J'y serai votre hôte francophone. Il vous serait peut-être agréable de renoncer un peu à l'anglais. Vous pouvez également rester chez Pradeep, précise Emile. Dans ce contexte délicat, il est important Samuel que tu ne t'embarrasses d'aucune timidité, d'aucune manière inutile. Vois ce qui vous met le plus à l'aise, et contente-toi de ça.

Me tournant vers Denis, en quête de l'approbation rituelle, je fais mine de réfléchir puis réponds la voix hésitante :

– Je crois que ça me ferait plaisir de passer la nuit « chez » mon père !

– Je vous dépose insiste Nashwa. J'habite à deux minutes en voiture de chez Philippe et je vous laisserai mon numéro de téléphone en cas de problème.

La rue est claire. Pas un bruit, si ce n'est le clapotis léger des vagues qui s'étirent à quelques pas. De paisibles maisons blanches nimbées d'un ciel étoilé dans lequel se dessinent ça-et-là les silhouettes complexes de feuilles de palmiers. Naswha peine à trouver la bonne clef. Enfin s'ouvre la dernière demeure, la tanière, la planque peut-être de mon père. Je brûle d'envie de tout visiter, de fouiller, de chercher pour tout comprendre enfin. Une lourde porte s'ouvre sur un vaste salon, maigrement meublé, organisé à l'occidentale et impeccablement rangé. Il m'est douloureux de réaliser que mon père a commencé ici et ce matin une journée que jamais il n'a finie. Quels furent ces premiers gestes au réveil ? À qui furent dédiées ces premières pensées ? C'est curieux, peu d'objets me sont familiers ici. Cette porte arabe transformée en table basse et rehaussée d'un plateau de verre, ce guéridon finement sculpté dans du bois de palme, cette lampe à l'abat-jour ample et lumineux... je ne reconnais rien de tout ça. À mesure que mon regard prend possession des lieux, il s'arrête sur des objets déjà vus ou très clairement estampillés Marin. À commencer par ce bout de papier que je pointe du doigt à l'attention de Denis, un sourire entendu. Négligemment laissé sur un bureau, il est semblable trait pour trait à celui retrouvé dans la bergerie de Luccho en Argentine, plié en losange, roulé et replié. Il y a aussi ce cartable que j'ai l'impression d'avoir toujours connu et dont le cuir est tanné, râpé, passé, repassé, « trépassé » même. Puis ce couteau suisse ou ce stylo. Cette odeur aussi. Je retrouve l'odeur de ses mains, non pas celle d'un parfum ou d'une eau de toilette mais bien l'odeur de sa peau, celle dont je me souviens enfant. Je me rappelle nos bagarres et nos chahuts. Lorsqu'il me capturait, me torturait de ses chatouilles et me bâillonnait « pour de rire » avec énergie et tendresse. Je me rappelle que l'odeur de ses mains me rassurait, confortait sa présence, son unicité à mes yeux. C'est étrange, ces murs pourtant tellement inhabituels font resurgir des émotions lointaines, intangibles. Ma curiosité, l'envie de m'inviter dans les derniers moments de la vie de mon père, aussi prégnantes soient-elles, se heurtent à quelque hésitation ; la peur de violer son intimité, de découvrir des choses qui lui seraient trop personnelles et qu'il aurait préféré taire. Il est vrai, dois-je me le rappeler, qu'un meurtre et l'équipée qui l'aura précédé méritent bien une investigation décomplexée. Une « deuxième fouille » me précise Nashwa me montrant des traces du passage récent de la police. Avec une retenue non feinte, j'arpente la maison, je retourne les livres dont la couverture n'apparaît pas. Tiens, Frison Roche ... Probablement une envie de fraîcheur dans ce monde chaud et aride ! J'allume un PC dans l'optique d'y revenir après sa mise en route puis gagne l'étage. Je reconnais là mieux mon père. Les deux chambres sont en désordre. Des habits, des papiers, des courriers ouverts ou non, des valises vides ou pleines, des cravates, des chaussures... rien de tout cela n'est rangé. N'allez pas croire que c'est un coup des Russes ou des Slaves, que des esprits mal intentionnés sont venus mettre la pagaille. Non, c'est tout simplement le sens du rangement de mon père tel que je l'ai toujours connu. Probablement un sens, transmissible de père en fils... Trois blocs de papier sont eux soigneusement placés sur la table de nuit. Tout de suite, ils attirent mon attention tant ils paraissent précautionneusement disposés dans ce capharnaüm. J'y retrouve l'écriture de mon père. Peut-être me livreront-ils des informations sur ces longs mois de cavale. Alors que j'ouvre le premier d'entre eux, un papier glacé faisant manifestement office de marque-page, m'échappe et tombe au sol. Il me stupéfait. C'est une photo que je connais depuis toujours ou presque. Je la croyais perdue. Elle nous met en scène mon père et moi. J'avais une dizaine d'années. Tous deux, face à la mer, sur la pointe du Raz en Bretagne. Mon père, le buste droit, les yeux perdus dans le lointain, déjà égarés, en plein voyage avec galions et pionniers, découvreurs ou hardis pêcheurs. Quant à moi, j'essaie de lui ressembler. Je singe son attitude. À sa façon, je plisse tout le haut de mon visage pour voir plus loin encore que mon regard ne porte, au-delà de l'horizon ; un peu comme si j'essayais d'apercevoir ce que voit mon père dans son perpétuel imaginaire. J'adore cette photo. La revoir dans ces circonstances a quelque chose de bouleversant. Savoir que mon père l'a faite ainsi voyager avec lui, par-delà les frontières, par-delà les ennuis, m'émeut tant qu'il me faut prendre sur moi pour contenir le trop plein d'eau qui charge mes yeux. Je me concentre, ferme les paupières et me réjouis d'entendre Naswha m'interpeler soudainement et m'arracher à la tristesse. Elle nous fait savoir qu'il est tard et qu'il lui faut rejoindre son mari et ses enfants. Denis est fatigué. Il s'installe dans l'une des chambres et s'y endort instantanément. Quant à moi, je ne m'assoupirai pas. J'entreprends de dépouiller tout ce qu'il y a dans cette maison. Je parcours chaque feuille de papier, inspecte chaque sac, ouvre chaque fichier qui apparaît sur l'ordinateur, vérifie chaque tiroir... peut-être y trouverai-je non seulement quelques explications mais aussi le moyen de rendre à Pradeep une réponse légitime quant aux obsèques à honorer ; une note d'intention testamentaire, un courrier laissé au cas où... Je sais qu'il me faut trancher d'ici demain matin.

Difficile de trouver quoi que ce soit d'intelligible dans cet énorme foutoir. Il y a là quantité de contacts, de cartes de visite, de notes en tous genres. Trois ou quatre photos d'une jolie femme noire, la quarantaine dirais-je, que je ne connais pas du tout. Mais ce ne sont là que les morceaux du puzzle de sa vie, un puzzle que lui-même ne saurait peut-être pas reconstituer. Des bribes d'information tous azimuts. L'un des blocs ne renferme que des lettres inachevées, tout juste commencées. Certaines m'étaient vraisemblablement destinées. Elles commencent par : « Sam, ». Ce qui suit est le début hésitant de courriers pudiques et intimes qui ne parviennent pas à éclore. Ses parents, mes grands-parents, ont fait l'objet des mêmes attentions. Des amis aussi. J'ai le sentiment d'avoir là un homme rongé par les remords ou la nostalgie, tenté peut-être de se justifier. Un homme qui voudrait se confesser peut-être ou annoncer une nouvelle majeure. C'est comme s'il étouffait de ne parvenir à se livrer, comme si l'éloignement, la solitude ou la peur le harcelaient. Je lis dans cette prose embryonnaire, tout juste commencée, une intenable frustration, des troubles profonds. J'ai mal de le supposer à ce point malheureux au soir de sa vie, à la fin du parcours. Je vois aussi qu'il a été tenté de régler ses comptes avec des proches qui l'auraient déçu. Peut-être attendait-il d'eux un geste ou un coup de main qu'il n'aurait pas reçu dans des moments difficiles ? Ces ébauches de missives me rappellent combien mon père avait la plume facile et talentueuse. Le sens du mot, de la formule et de la métaphore. Et j'ai le sentiment que les douleurs illuminent ce talent, lui donnent plus de relief, plus de coffre. Ces seuls textes aboutis sont finalement pour Oman, ce sultanat où il dit avoir trouvé son éden. Beaucoup moins poétiques, des dizaines de courriers reçus et encore cachetés jonchent le sol. Comment sont-ils arrivés jusqu'ici ? Je n'en ai pas la moindre idée. Ces correspondances sont pour l'essentiel françaises. J'y trouve les impôts et un arriéré conséquent, les banques, des organismes de crédits... bref, rien de bien glamour. Seulement des créanciers qui réclament leurs paiements. Leurs cabinets de recouvrement. Leurs huissiers. Les tribunaux compétents... Je découvre des injonctions, des interdictions, des cessations et un étau qui s'est resserré jusqu'à l'asphyxie ; bien au-delà de ce que j'avais pu imaginer. Sa mutuelle qui met fin à sa couverture. La sécurité sociale qui ne l'identifie plus. Son propriétaire, en France, qui lui annonce son expulsion effective et la saisie ou la destruction de ses biens... À en croire ce passif, l'homme avait cessé de se débattre. Il avait capitulé ; quand bien-même, sur le bloc-notes, quelques lignes appelant à l'indulgence ou au compromis, avaient été amorcées à l'attention du directeur des Impôts de Rouen. Pourquoi Rouen d'ailleurs ? Je l'ignore. La situation était-elle inextricable au point de fuir, de s'inventer une mort en mer et de s'embarquer dans la contrebande internationale? J'en doute. Pourquoi ne m'a-t-il pas parlé de tous ces ennuis ? Nous nous serions retroussés les manches et aurions bien trouvé quelque issue à ce naufrage. Épuisé, je m'allonge avec cette photo que j'affectionne tant, puis m'endors dans ce jardin secret, celui des vicissitudes et des emmerdes de mon père. Pour quelques heures seulement. Car bientôt, les premiers rayons du soleil inonderont la chambre d'une violente lumière, assortie bien sûr d'une chaleur déjà assommante. Je n'entends pas un bruit et suppose que Denis dort encore. Quant à moi, je me remets les idées en place mesurant qu'il ne s'agissait malheureusement pas d'un mauvais rêve. Le jour est revenu, les soucis aussi... Pourtant, je me sens plus léger. La nuit m'a livré une absolue certitude, celle irréfutable de choisir en son nom l'incinération et de remettre ses cendres au pays qu'il encensait tellement. C'est décidé, son corps sera confié aux flammes et je l'annoncerai à Pradeep dès notre prochain échange. Je suis sûr que Nashwa comprendra. Je l'espère en tous cas.

L'endroit est désolé. Perdu au milieu du désert. Il a fallu plus de trois heures au funeste convoi pour gagner ce site étrange, a priori sans âme. Au cœur de nulle part, se dressent soudainement quatre murs qui cernent une énorme dalle de béton. Après avoir d'abord renoncé à nous accompagner, Nashwa accepte finalement de se joindre à nous et de pénétrer dans l'enceinte.

– Sam, me dit-elle grave et solennelle, je te prie de mesurer toute l'estime et toute l'affection que je portais à ton père pour que Dieu, celui auquel je crois, me voie ainsi fréquenter ce lieu, au mépris des règles. Il y a là les amis de cette soirée passée chez Pradeep, François, venu du Yémen voisin pour les circonstances, Denis et moi. Ce comité restreint avait escorté le véhicule mortuaire jusqu'au site hindou, le seul autorisé à pratiquer la crémation sur le territoire omanais. Parce que l'incinération telle qu'on la connaît et qu'on la pratique en France n'existe bien évidemment pas ici. Non, la seule cérémonie capable de livrer des cendres est celle très rituelle de la religion hindouiste. Pradeep avait bien pris soin de me mettre en garde à ce sujet.

Il m'avait dit pouvoir l'organiser à la condition incontournable que j'en accepte les usages et m'y plie comme un hindou. J'ai cru comprendre que lui aussi devait enfreindre les règles. Les victimes de meurtre ne peuvent normalement pas prétendre à la libération par l'incinération. On les dit également victimes d'un mauvais karma. Pradeep m'avait aussi mis en garde sur la difficulté d'y assister, sur l'âpreté des images et des émotions.

– Ce sera dur m'avait-il prévenu. Très dur. Il te faudra être fort et envisager la mort et la séparation d'avec ton père différemment. Tu le verras partir dans le feu, disparaître lentement. Seul le bois du bûcher attisera les flammes. À l'ancienne, sans gaz ni hydrocarbure, il faudra de longues heures pour réduire la dépouille en cendres. Te sens-tu prêt pour une telle épreuve ?

Prêt, je crois l'être. Si toutefois, on peut l'être un jour. Et même si les détails techniques m'apparaissent véritablement sordides. Les 48 heures écoulées depuis le matin qui me fit choisir ce départ pour mon père, m'ont conditionné, m'ont initié aussi au cérémonial hindouiste que j'ai tâché de comprendre, à défaut d'apprendre bien sûr. Pradeep a souhaité me renseigner sur chacun des gestes qui allaient m'être demandés. Il est revenu sur leur signification, un à un, symbole après symbole. Il n'est pas question d'y adhérer bien sûr, pas même de laisser croire que je pourrais y adhérer un jour mais simplement de les comprendre. Deux hommes, des indiens, nous accueillent et me sont plus particulièrement présentés. Ce sont eux, les « doms » qui « orchestreront » l'office. Rien de leur accoutrement ne le laissait supposer. Point de costume, de coiffe ou de quelconque folklore. Non, pour chacun d'eux, un tee-shirt publicitaire récupéré on ne sait où, un pantalon noirci par le bois brûlé et des tongs. Déjà, de lourdes bûches, plusieurs centaines de kilos, sont habilement disposées au-dessus d'une cavité, au centre de cette grande cour. L'espace autour, quoique abrité de hauts murs, est vide et dégagé jusqu'à une salle où chacun pourra quérir une fraîcheur toute relative et de quoi se désaltérer. Puis deux autres personnes amènent le corps de mon père à proximité de cet éphémère « édifice » de bois, promis à l'embrasement. La dépouille repose sur un simple brancard, recouvert d'un drap blanc, signe du jeune âge de mon père. Les autorités, si elles acceptent l'accomplissement du rite, exigent qu'un cliché soit pris présentant le défunt aux côtés d'un parent. L'on me demande donc de prendre la pose, de m'agenouiller à côté de la civière de bambou aussi près que possible, de sorte que soient conjointement photographiés nos deux portraits. Mon père a gardé le visage apaisé que je vis il y a deux jours. Pourtant cette première démarche m'est difficile. Ensuite, on me demande de porter le corps jusqu'aux bûches, de l'y déposer doucement. Je suis emprunté, gêné. Convaincu, moi l'athée, moi le cartésien que mon père me voit ou ressent d'une façon ou d'une autre ce cérémonial exotique. Tout se déroule exactement tel que me l'avait présenté Pradeep. Je m'étonne presque de voir mon père demeurer impassible. Maintenant il me faut verser de l'eau sacrée dans la bouche, puis faire trois fois le tour de cette stèle provisoire et disperser de généreuses poignées de gros sel. Il s'agit de générer des crépitements et des craquements si forts dans le brasier qu'ils sauront éloigner les mauvais esprits. Je porte la première flamme à hauteur de tête de ce gisant, mon père, et une deuxième à hauteur des pieds. Le feu se propage doucement. Nashwa, Pradeep, Émile, François, Denis viennent tour à tour manifester une attention, un signe de compassion ou de réconfort. La main de Pradeep vient me serrer vigoureusement l'épaule. Puis tout le monde regagne le sobre espace de repos. Je reste seul dehors, bien décidé à veiller le départ de mon père. Et qu'importe si la combustion prend quatre ou cinq heures. Sans trop savoir pourquoi, je m'empare d'une feuille de papier et éprouve le besoin d'y coucher mes émotions, de les élucider par l'écrit. Est-ce un symbole ? Un hommage ? Je ne saurais le dire. Mais quelques lignes me viennent naturellement, en un instant sans ratures ni atermoiements, comme si elles m'étaient dictées par quelque chose d'inconscient. Je n'ai jamais été habile dans l'expression de mes sentiments, particulièrement avec mon père. L'amour et la complicité qui nous liaient ne se disaient pas. Ils se vivaient tout simplement. Il y avait dans ces principes de bonnes vieilles règles masculines et viriles, me semble-t-il et une retenue naturelle. Aujourd'hui, alors que j'ai conduit mon père à la crémation, je crois pouvoir faire tomber cette réserve et lui livre trop tard toute la profondeur de mon affection. La chaleur omanaise combinée à celle du bûcher crée une fournaise difficilement supportable. Combien peut-il faire ? 55° ? 60° ? Probablement plus. Je suis en eau. La sueur me brûle le visage et la rétine surtout. À ce point que je peine tout simplement à ouvrir les yeux. La sueur serpente abondamment et laisse aux commissures de mes lèvres un goût salé. L'écriture est maladroite mais le fond est là, explicite, gorgé d'émotion. Ces mots ne sont finalement que mes larmes :

Tu t'es éteint mais je rallume la flamme,
ta délivrance posthume,
Je te regarde t'élever et t'en aller,
ta liberté pour religion.

Je prends un soin méticuleux à plier cette feuille, comme l'eût fait mon père puis l'offre au feu, la déposant quasiment sur sa poitrine. Le papier s'élève doucement et récrée une flamme dans les flammes, comme une étincelle de plus qui voudrait exister singulièrement et communiquer. Je l'envisage comme un échange privilégié avec mon père. Aussi stupide que cela puisse paraître, je redoute que sa propre mort ne le déçoive. La question est freudienne, kafkaïenne ou que sais-je... Je redoute aussi qu'il se soit désespéré à me voir ainsi inapte à retrouver sa trace plus tôt, incapable de prévenir cette mort prématurée. Ces questions me sont salutaires car elles viennent un peu diluer mon chagrin. Elles éparpillent mes pensées. La fumée se densifie, à la fois blanche et opaque. Les chairs fondent et se disloquent. N'apparaît plus, dès lors, que ce qui fit la charpente de mon père, ce que je croyais jadis inébranlable et éternel. Dans le « magma » charnel, cette charpente dessine encore l'homme tel qu'il était. Souvent mes yeux se dérobent devant la morbide mise en scène. Je m'en tiens pourtant à cette espèce de vaillance à laquelle j'ai souscrit en me présentant ici. Parfois, le vent s'amuse de la dépouille et de sa descendance, projetant violemment sur moi l'épaisse fumée en un brouillard lourd et irritant, aux exhalaisons pénibles. Mes yeux s'endolorissent plus encore et ma gorge renvoie immédiatement une toux roque et grinçante. Alors que je sens mon esprit divaguer sous l'effet de la chaleur et d'une probable insolation, Pradeep vient s'asseoir à mes côtés. Il me faut reprendre la maîtrise de moi-même et m'éponger les yeux, « faire face » comme l'eût recommandé mon père.

– Sam, je ne sais si c'est le moment ou l'endroit mais je voudrais, si tu m'y autorises, qu'on bavarde une minute. Je sais ce recueillement tien et te laisserai t'y replonger immédiatement.

– Des nouvelles de l'enquête, c'est ça ?

– Pas vraiment. En tous cas, pas d'informations relatives aux agresseurs. À part le premier compte-rendu balistique qui n'apporte rien de particulier, nous n'avons rien à nous mettre sous la dent.

Et la perméabilité de la frontière sud avec le Yémen laisse supposer que nous n'en saurons peut-être jamais davantage. Non, il s'agit d'autre chose. Écoute mon garçon, j'ai reçu hier le rapport du légiste et en ai attendu la confirmation, ce matin, avant que nous ne prenions la route. Les spécialistes sont formels, ton père était condamné avant même que ces deux balles ne viennent le toucher.

– Je ne comprends pas.

– Philippe était malade. Un dossier retrouvé à l'hôpital central de Mascate corrobore cette thèse. La maladie lui a été diagnostiquée voilà quelques semaines et présentée comme irréversible. Au mieux, sans ces assassins, il aurait vécu deux ou trois mois de plus. Au mieux, m'a-t-on dit.

– De quoi souffrait-il ? Jamais il n'a évoqué des problèmes médicaux ?

– Cancer du pancréas mon garçon. Cancer de la queue du pancréas pour être plus précis. L'un des pires qui soient. Inopérable. On ne peut procéder dans ce cas à l'ablation de tout ou partie de l'organe comme on la pratique sur d'autres cancers. Si l'on en croit son dossier médical, les premiers symptômes se seraient manifestés il y a quelques mois seulement. D'abord un mal-être persistant pris pour une dépression nerveuse, puis le jaunissement de la peau, une grosse fatigue et de violentes douleurs abdominales qui irradient tout le dos. Des investigations plus poussées et le début de troubles toujours plus contraignants, notamment gastriques, ont finalement déclaré la pathologie. Hors, très tôt, ton père a cessé de consulter, comme s'il avait fait le choix résolu de ne pas se soigner, de renoncer à se battre. Je ne me l'explique pas d'ailleurs. Parce que je sais, comme toi, qu'il était courageux, plutôt guerrier même.

Je ne dis rien et vois Pradeep embarrassé par ce silence. Puis je me décide à le libérer de sa gêne.

– Pradeep, merci. C'était le bon moment pour m'en parler.

Une nouvelle fois, Pradeep me serre l'angle de l'épaule d'une poigne convaincue, se lève et me laisse, comme il l'avait promis, à mon recueillement. Le feu quant à lui achève sa macabre besogne. Sadique, il prend son temps, pour me confronter à ma conscience et aux interrogations qu'a fait surgir la nouvelle de cette maladie. Il est aidé par les « doms » qui sans cesse ramènent au centre du bûcher les résidus encore solides. Armés de leurs perches, ceux-ci s'attacheront à briser le crâne de mon père pour faciliter l'élévation de l'esprit. Fatigué, vidé même, je laisse l'impensable scénario se dérouler jusqu'à son terme. Inutile de me torturer tenté-je de me convaincre. Je me dois d'accompagner mon père. C'est ce que je fais honorablement et dignement. Laissons ces questions à plus tard. Je ne suis pas en état de réfléchir. Mes aptitudes autant physiologiques que psychologiques ne se résument plus guère qu'à ma seule présence, passive et inerte. Il faudra attendre que les lumières du jour s'estompent pour qu'enfin le bûcher soit réduit à néant, suppléé par un large tas de cendres, poussière d'argent parcourue ça-et-là de fragments d'os. Les deux « officiers » de cérémonie choisissent scrupuleusement ce qu'ils verseront dans le coffre en bois préparé à mon attention ; comme s'il fallait une poudre cendrée de qualité mais aussi quelques restes plus symboliques et plus éloquents du défunt. Ces ossements me sont d'ailleurs présentés comme des trophées ou comme des reliques de grande valeur, la démonstration d'un travail bien fait. Les « doms » s'adressent soudainement à moi différemment. Évidemment, je ne comprends rien de ce hindi hystérique ou de ce bengali agité qui s'invite à rompre le cérémonial. Les deux hommes me présentent un os, le brandissent, remuent, gesticulent et s'énervent devant mon inertie, ma passivité. Je pense à un fragment anatomique qui pourrait avoir à leur yeux un sens particulier mais malgré mes efforts, peut-être ni lucide ni clairvoyant, je ne décrypte absolument rien. J'écarte les bras, relève les sourcils pour manifester mon impuissance jusqu'à ce que Pradeep intervienne enfin, leur demandant des explications avec l'énergie d'un patriarche.

– Sam, ce qu'ils te présentent est une clef. Peut-être une vraie clef, peut-être un bijou étant donnée sa toute petite taille. Elle devait appartenir à ton père.

– Ce serait surprenant. Peut-être était-elle sur le site avant que ne se tienne la crémation ? lui dis-je en m'emparant de l'étrange objet.

Tandis que Pradeep, toujours autoritaire, engage une conversation tonique avec les « doms », j'investis cette clef, minuscule, tout juste noircie par le feu. Je la scanne du regard, la sonde, la tourne comme un modéliste 3D scruterait son prototype. Ni les flammes, ni l'incandescence n'ont eu raison de la matière, pas plus que de cette forme simple qui désormais m'apparaît évidente. Effectivement, cette clef, faite d'argent, de métal ou d'un quelconque alliage, pourrait tout aussi bien honorer sa fonction première de sésame que vivre, plus symbolique, en pendentif, autour d'un cou. Je la lustre dans les fibres rêches et poisseuses de mon polo, m'efforce de restaurer sa couleur et son éclat d'origine. Sceptique, je suis convaincu que la dépouille de mon père n'emportait rien avec elle. Ses vêtements avaient été soigneusement vidés de tout, passés et repassés au peigne fin.

– Sam, ces hommes sont catégoriques. Cette clef ne pouvait être là avant la cérémonie. C'est impossible. Ils pensent que ton père l'a mise dans sa bouche juste avant qu'il ne soit tué. Sûrement pour la cacher.

Je ne réponds pas. Perplexe, j'enfouis ce carouble au plus profond de mes poches et fais comprendre qu'il n'a pour moi ni sens ni valeur, qu'il ne mérite pas de troubler la gravité du moment.

Les « doms » n'insistent pas davantage. Ils me confient une vasque de terre cuite remplie d'eau, sacrée évidemment. En guise de dernier adieu, je dois tourner le dos à ce qui reste du bûcher.

Tous les proches ont quitté l'enceinte mortuaire. Il ne reste que moi. Je dois jeter le pot en question par-dessus mon épaule. L'on me remet de main en main les cendres dont je suis dès lors habilité à prendre possession. Je peux partir sans me retourner surtout, avec le sentiment du devoir accompli.

Pas une seule seconde je n'envisage de ramener l'urne funéraire en France. Bien au contraire. J'avais initialement prévu de disperser les cendres dans les montagnes du Wadi Bani Awf ; un coin pétri d'une authenticité qu'affectionnait vraiment mon père. Tous ses amis m'ont confirmé qu'il était tombé sous le charme des cultures en terrasses, des villages séculaires accrochés à la roche, du falaj et autres palmeraies cachées... Malheureusement, mes plans sont contrariés aussitôt la crémation terminée. Impossible m'explique-t-on de gagner ces massifs de nuit. Impossible, ajoute-t-on, de poser les cendres au sol, ne serait-ce qu'une minute. Impossible surenchérit-on enfin de ne pas les disperser dans l'eau ! Peu importe qu'il s'agisse de l'eau de la mer, de celle d'une rivière, de celle d'un lac... pourvu qu'il s'agisse d'eau. Je propose donc de regagner la maison de mon père et la plage qu'elle jouxte quasiment. Là, dans une nuit toujours claire, je m'avance dans l'eau tiède des berges omanaises. Une fois l'intégralité de mon pantalon submergée, j'y verse les cendres en un saupoudrage maladroit qui me voit finalement confier mon père à la mer, confier mon père au pays qu'il s'était approprié. L'essentiel du contenu de l'urne s'égrène et gagne irrémédiablement le fond sableux de l'eau. Malgré la solennité du moment, je souris de cette prétendue nécessité absolue de ne pas mettre les cendres en contact avec le sol. C'est pourtant bien ce qu'elles font naturellement, fût-ce dans un liquide… ! Très vite, l'eau noire de la mer d'Oman aura fini d'avaler toutes ces particules dérisoires. Voilà la fin d'une procession atypique, longue, douloureuse dont je me crois sorti grandi. Ces obsèques ne furent-ils pas à la hauteur du personnage qui, depuis quelques semaines, se révélait à moi : mon père ? Je le crois… Souvent il se plaisait à citer Paul Morand qui disait préférer « ailleurs » à « demain ». Nous y sommes. Philippe Marin est irréversiblement ailleurs sans qu'il n'y ait plus pour lui la moindre chance de lendemain.

La terrasse est bondée. Les Parisiens profitent d'un été indien bien tardif, soubresaut météorologique avant la grisaille, avant les nuits longues et le froid. Comme toujours, la rue de Charonne exhibe ses marginaux, rend la vie des automobilistes impossible et fait le bonheur des étudiants qui se pressent dans les bars « branchouilles ». Bertrand et moi sommes installés côte à côte, face au flux perpétuel des passants. C'est l'usage à Paris plus qu'ailleurs de se faire ainsi spectateur du trottoir. Ça a quelque chose de grotesque mais chacun, voyeur, adhère finalement volontiers au principe. Plus prolixes que deux vieilles copines, nous bavardons, heureux de nous retrouver après ce long voyage. Et des choses à nous raconter, nous n'en manquons pas. Bertrand, évidemment, souhaite en savoir plus. Il s'est beaucoup interrogé sur l'objet de nos investigations et le pourquoi de sa contribution téléphonique. Quant à moi, j'éprouve des difficultés à retrouver mes marques en France ; le contrecoup du périple, son issue et la « fadeur » du quotidien retrouvé. Il faut dire que la situation matérielle ne me facilite guère les choses. Il va falloir trouver mon premier boulot et un toit. Rien que ça... Là où la norme consiste à clore son cycle d'études par un stage, passerelle pratique entre les mondes universitaire et professionnel, j'ai opté pour de longues semaines à travers la planète, en quête d'un père disparu avec des Ukrainiens aux basques. Je crains que mon CV ne puisse s'enorgueillir de l'aventure ; quoiqu'elle fut autrement plus riche qu'un stage VRP chez Xerox ou Peugeot... Conscient que son pote d'enfance s'exposait à des semaines difficiles, Bertrand a spontanément proposé de m'héberger, le temps de « me retourner » comme le dit l'expression consacrée. Voilà qui prolonge le sentiment d'aventure. Parce que vivre chez Bertrand, c'est un peu l'aventure. Sa garçonnière de la rue de Lappe, près de Bastille, n'est pas bien grande et l'installation s'apparente au camping.

Mon hôte généreux n'a rien d'une fée du logis et mon intrusion dans cet univers de célibataire n'arrange rien. Tout cela confère à notre cohabitation une atmosphère sympa, légère, conviviale. Denis, qui de son côté a rempilé pour un cycle universitaire en province, a pris de la distance. Grégaire, il nous rejoint de temps à autres. Bien trop rarement à mon goût. Et chaque fois, c'est Woodstock dans l'appartement.

Bertrand n'est pas plus amateur d'alcool que moi. Heureusement. Parce que nous passons de longues heures dans ce café du XIe arrondissement. Entre jus de pamplemousse et coca light, c'est tout le film de nos pérégrinations qui repasse. Je trouve mon vieil ami empathique, intéressé, soucieux du moindre détail. Il veut tout savoir, m'interrompt par des questions précises sur nos émotions, nos rencontres, les us et coutumes, nos peurs, nos joies, nos doutes... Tout y passe. À tel point que je revis moi-même ces moments intenses et m'attarde sur des aspects qui m'avaient échappé.

– Mais Sam, poursuit Bertrand, je n'ai toujours pas compris. Qu'est-ce que ton père est allé f... à Oman ? A priori, il ne s'est pas contenté d'y passer. Il y avait ses habitudes, ses amis...

– Je ne sais pas exactement. Il reste beaucoup de zones d'ombre. Plein de types mènent une double-vie avec une autre femme, mon père, c'était avec un autre pays. Et évidemment, il n'avait pas choisi la Belgique ou la Suisse. Non, il avait préféré le sultanat d'Oman. Tu te souviens qu'il était capable de rester parfois plusieurs semaines sans me donner de nouvelles, à mon grand dam. Je pense qu'il s'y rendait pour s'investir dans quelques trafics, petits ou gros !

– Trafics ? Tu penses à quoi ? Trafics... ça sonne « illicite », non ? Trafics d'armes ?

– Je ne sais pas. Mon père était un malin, un combinard mais pas un voyou et moins encore un méchant. Et puis, ses amis sur place, dont Pradeep, celui qu'il avait rencontré à Paris, l'instigateur du premier voyage, m'ont fait une très bonne impression. Je n'ai vu là-bas rien de malsain ni de malodorant. Quant à ces histoires d'Ukrainiens, d'armes, de rebelles angolais, mon passage à

Oman ne m'a livré aucune explication précise. Crois-moi, il est difficile de vivre au quotidien avec toutes ces questions laissées en souffrance. Difficile d'accepter que je ne connaissais finalement pas mon père.

– Sait-on jamais qui est vraiment son père ? Moi-même, je mesure toute la part de mystère qui gravite autour du mien ; quand bien même il n'y a pas tout ce décor épique ou romanesque. Souvent, je m'interroge et me demande quel père je pourrais faire moi-même. Pas toi ?

– On dit qu'on reproduit souvent soi-même le comportement de ses parents. Objectivement Sam, tu ne crois pas que tu pourrais bâtir un schéma de vie analogue à celui de ton père ? Regarde, toi aussi tu t'es montré capable de partir à l'autre bout du monde sans donner signe de vie à quiconque. Si ce n'est à moi. Tout de même, il y a des cabines, des centres d'appels internationaux, des bureaux de postes... y compris dans le trou de balle de l'Afrique australe !

La thèse de la propension naturelle à reproduire la façon d'être d'un parent me laisse perplexe et je préfère passer à autre chose, embrayant instantanément sur la sauce bolognaise hors-pair que je prévois pour ce soir. Bertrand est un bon client pour les tambouilles grasses et indigestes que je me plais à improviser. Aucun de nous deux ne les tolère vraiment, mais leur consistance et l'immédiateté de la satiété qu'elles procurent comblent nos palais peu délicats. Voilà qui permet à Bertrand d'évoquer avec autodérision ses problèmes chroniques de colon.

– Qu'est-ce que j'y peux mon gars ? s'en amuse-t-il. Je ne suis pas étanche !

Dans une vaisselle plus que douteuse et assis par terre, nous nous gavons chaque soir en rejouant, presque nostalgiques, nos jeunes années. Les jours et les semaines passent ainsi au rythme d'une vraie vie de couple. Le pseudo-ménage s'effectue à tour de rôle. Celui des deux qui fait les courses est exempté de vaisselle. Celui des deux qui ne range pas les duvets prépare le prochain couchage. Celui des deux qui se lève tôt prend son petit-déjeuner dans la salle-de-bains pour ne pas faire de bruit. Ce matin justement, je mange mes ChocoPops dans la salle d'eau tandis que Bertrand, qui a travaillé une partie de la nuit sur un très bon papier dédié à John Coltrane et à Stanley Clarke, dort encore. Comme d'habitude, il a pris soin de laisser sa prose en évidence de sorte que je lui fasse part de mes commentaires de « jazz-profane ». Il a une sacrée plume, le veinard. Ça me laisse admirateur. Je ne comprends pas qu'on puisse ainsi commenter avec tant d'ardeur et d'argumentation des notes de musique pour moi tellement inaccessibles. Parce que Stanley Clarke, honnêtement, ce n'est pas à la portée du premier mélomane... Je suis en caleçon assis sur les toilettes qui font office de tabouret pour ce premier repas de la journée, le plus important dit-on. Je m'assure que mes petites annotations sont bien lisibles même si je peine à croire qu'elles puissent servir la critique musicale de Bertrand. Les grains de riz soufflés sont tout ramollis par le lait. Comme j'aime... Soudain, on sonne à la porte. Je n'entends pas Bertrand broncher. Il a pourtant le sommeil fragile. J'en viens à penser qu'il s'agit d'une sonnette voisine quand le retentissement se manifeste encore, ne déclenchant rien de supplémentaire chez mon colocataire endormi. Pas de doute pourtant. C'est ici. Agacé d'être dérangé de si bon matin, et à moitié à poil, j'ouvre la porte, bien décidé à me montrer aussi associable que possible. Je tombe sur deux espèces de gaillards.

– Bonjour M'sieur, livraison pour Samuel Marin chez Bertrand Levieux. C'est bien ici ?

– Euh, oui. Quelle livraison ? Ça vient d'où ?

– Ça doit être écrit sur le bon de livraison. En tous cas, y a du volume. Va falloir faire de la place !

L'homme le plus volubile des deux se contorsionne pour se glisser dans le bazar qui habite l'appartement avec nous. Bertrand a saisi l'enjeu. Il s'est levé en hâte et s'active à mettre de l'ordre dans l'appartement, pour faire émerger un endroit acceptable où poser la marchandise. C'est peine perdue. Il nous faudrait plus que deux ou trois minutes pour frayer un passage à l'énorme colis d'au moins 1.30 mètre de long, flanqué de l'étiquette « Sultanate of Oman ». Les livreurs ne dépasseront pas la porte d'entrée. Après qu'un pragmatisme et un sens de l'organisation jusque-là inconnus des lieux nous ont permis de faire déposer le colis au beau milieu de notre pièce, Bertrand et moi entreprenons de déballer. Il s'agit d'objets qui appartenaient à mon père et que Pradeep et Nashwa ont eu la gentillesse de m'expédier. Je reconnais chacun d'eux. Il y a cette outre faite de peau et de panse de chameau. Ce guéridon de bois ciselé, finement ornementé. Et puis cette table basse confectionnée dans une porte ou un volet de bois précieux. Je suis ému, autant par la joie de retrouver ces effets que par la générosité et les efforts qu'ont su déployer les amis de mon père. Ces souvenirs sont uniques. Je me plais à penser qu'ils n'ont pas d'équivalent à Paris. Pas un magasin, pas un collectionneur ne saurait proposer pareils objets. Je les regarde, majestueux au milieu du capharnaüm. Uniques, ils sont une vibration, une invitation au voyage. Ils sont aussi les reliques de mon père et d'une vie dont j'aurai finalement bien peu appris. Ils sont comme irréels, comme une extravagance de plus entre ces murs immatures. Le bordel ambiant se fait presque insolent devant le sacré. Il fait offense à la richesse des bois, à la délicatesse des motifs, à l'histoire de chaque objet. Je ne me contente donc plus de m'imposer à Bertrand avec quelques vêtements pour seul bagage. S'enchevêtrent désormais avec nous, dans ce rectangle habitable de 20 m^2 à peine, mon patrimoine le plus cher, les objets omanais de mon père. Que puis-je envisager, si ce n'est les abandonner ou les imposer à Bertrand ?

Je sens l'agacement courtiser mon ami, les froncements de sourcil le démanger. Mais Bertrand qui mesure parfaitement la portée affective de cette soudaine livraison me rassure, certifiant pouvoir s'accommoder de ce foutoir ajouté au foutoir. N'importe quel autre appartement aurait pu tirer quelque profit décoratif de la situation. Mais là, je ne vois guère de valeur ajoutée objective. Je profite de l'après-midi et de l'absence de Bertrand pour reconfigurer notre espace à en optimiser chaque recoin.

Ce matin, je me suis levé tôt. Je m'efforce de me faire croire que je mets tout en œuvre pour me replonger dans le bain, me conformer au système ; celui-là même qui pousse chaque jour tellement de Franciliens dans les couloirs du métro, sur le chemin du boulot puis sur celui retour du dodo. Pourtant, l'envie me manque. La difficulté de garder le sommeil, les scrupules à déranger le quotidien de Bertrand, me sortent du duvet avec plus d'ardeur que ne le fait la volonté sincère de me réadapter. Car c'est bien de « réadaptation » dont il s'agit. Il est question de disposition d'esprit bien sûr, mais aussi de disposition financière à se savoir apte à retrouver sa place, une place. Mes poches sont aussi vides que mes ambitions. Une fois de plus, je vais déambuler, vagabonder sans objectif, arpenter les rues de Paris, cogiter, gamberger… Je m'engouffre dans une voiture de la ligne huit, Balard-Créteil ; la mauve, qui transperce Paris d'est en ouest. La faible fréquentation des quais me rappelle que nous sommes dimanche. Signe supplémentaire de mon statut d'errant, paumé et solitaire, je ne l'avais même pas réalisé. C'est curieux, le calme dominical ne suffit pas à ralentir le pas pressé et tellement caractéristique du Parisien. Ainsi distingue-t-on sans mal le touriste en goguette de l'autochtone que les jambes, semblables à celles d'un automate, conduisent sans qu'il ne lui faille y penser. Plus confortable que le parquet de Bertrand, la rame berce un second sommeil. Au point que je me réveille au terminus, à l'autre bout de Paris, dans le XVe. J'en souris, considérant que l'opportunité m'était offerte de parcourir des quartiers que je connais mal. Je remonte toute l'avenue Félix Faure, puis longe l'église qui fait face à la rue du Commerce. Ambiance jupes plissées et pantalons de flanelle pour la sortie de la messe… Après avoir dessiné quelques méandres dans les rues adjacentes désertes, je m'empare de l'un des bancs du square Saint-Lambert. Là, dans ce pays de cocagne, se dressent manèges, tourniquets et autres bacs à sable. Les parents bien attentionnés y sortent leur progéniture. Tous arborent des sourires béats et une admiration sans retenue pour leurs rejetons. Autour de moi, les gens sont comme des clones, formatés, stéréotypés par l'attitude et l'apparat guindés des bonnes familles du coin. À défaut de savoir où je souhaite emmener ma vie, je crois savoir ce que je ne veux pas devenir. En tous cas pas maintenant. Je ne suis pas fait pour entrer un jour dans ce rang-là, à la vie bien organisée, vertueuse, unique voie qui vaille.

Hier, du côté de Belleville, les parents des quartiers populaires du Nord de Paris ne m'inspiraient pas davantage d'allant. À chaque fois, c'est le sentiment d'un profond décalage. Irrémédiable, il fait s'abattre sur moi une espèce de mélancolie, un mal-être non pas soudain mais itératif qui aime se manifester à intervalles réguliers, pour me tourmenter et dénoncer le risque d'une vie trop étroite et dérisoire. Le « qui suis-je ? Où vais-je ? » m'habite depuis toujours. Et jamais je ne puis m'appuyer sur quelques fragments de vérité. Toutes ces questions sans réponses m'empoignent. C'est une fatalité, comme une malédiction. Il manque un sel à ma vie. Reste à savoir si je suis prêt ou non à vivre dans le déni, celui de ma vraie nature… un instable qui ne s'ignore pas, en quêtes d'incertitudes, en quête de voyages, en quête de grands espaces, en quête d'emmerdes ! Peut-être me faudra-t-il assumer mon hérédité. Je ressens l'appel sourd de peuples différents, des croyances, de la nature, des éléments, du vide. Je ne sais rien des gens qui animent ce parc. Pourtant, je leur imagine, je leur suppose des existences faites de futilités, d'artifices, de dérisoire et de superficialité. Qui suis-je pour porter pareil jugement ? Moi qui n'ai pas de toit, pas de projet. J'ai l'arrogance de croire que celui qui ne franchit pas les frontières les plus exotiques, ou celui qui ne s'y intéresse pas, demeurera médiocre, aveugle et à coup sûr saturé de convictions étriquées et infondées. J'ai ce sentiment que mes rêves sont déjà fanés ou qu'ils resteront captifs si je ne repars pas. Ici, dans ce retour à la vie normale, je ne sers à rien, ni n'apprends rien. J'étouffe déjà. J'aspire à en revenir au plus vite à la découverte, à l'imprévu, à l'immatériel, à la différence... bref à ce qui fertilise mon émotion et irrigue mes fantasmes. Mon bonheur est ailleurs. C'est comme si je devais, quoi qu'il en coûte, reprendre la route, poursuivre quelque chose d'inachevé.

De retour rue de Lappe, je sens s'affronter des sentiments contradictoires. D'abord ébranlé par la conviction que jamais je ne pourrai vivre la vie dont j'ai envie, je vois mon moral se revigorer peu à peu jusqu'à basculer dans l'autre extrême. Comme chacun des sujets exposés à la dépression, au doute, j'oscille dangereusement du noir au rose. Au point qu'une chaude euphorie me gagne doucement avec le sentiment d'avoir trouvé la solution au mal-être qui me guette. Je ressens ce sentiment physiquement. Il me parcourt. D'abord l'abdomen, puis la nuque, les bras. Universel, le sentiment amoureux peut en être l'origine. Mais avec lui, toute autre quête, consciente ou inconsciente, rationnelle ou irrationnelle. Peut-être dans ce square ai-je partiellement répondu aux questions identitaires et de vocations qui m'habitaient. En l'espèce, cet abandon auquel je suis sûr de devoir me promettre, un prochain voyage dont j'ignore encore la destination mais dont je sais qu'il doit m'accomplir, me plonge dans une douce exaltation. Il me libère. Égocentrique jusqu'au bout, je me félicite du pseudo courage d'un prochain nouveau départ. Je ne prends en compte rien ni personne. Je ne sais pas avec quel argent, ni ne sais où, quand et pourquoi, mais je savoure l'instant précieux de l'avant-voyage, de l'avant-projet. Je laisse à d'autres le projet du petit appartement cossu et tout équipé, du parking qui accueillera la voiture neuve et plus tard le premier des trois sièges enfants. Mon destin est différent. Au-delà des mers et des montagnes !

Alors que je m'affaisse de plus en plus sur le clic-clac replié en canapé, mes yeux voyagent sur les formes orientales du guéridon. Il est magnifique. Une petite lampe trône fièrement sur un petit plateau, lui-même placé au sommet d'un quadriptyque de bois ajouré et refermé en cercle. Souvent, je me plais à y placer l'encensoir dans lequel je brûle la myrrhe de Mascate. Une autre lumière voisine serpente à travers le meuble et s'amuse à projeter sur le parquet des formes complexes et inventives. Mais c'est plus précisément sur le plateau que mon regard se pose. Une forme noire lovée dans une surépaisseur de la tablette m'interpelle et m'extirpe du divan fatigué. Je ne vois plus qu'elle. À mesure que je m'approche, je comprends avec plus de précision ce que je suis en train de découvrir. À l'évidence, il s'agit d'une serrure. Oui, c'est bien ça, une serrure. Toute petite, confidentielle, elle vient se cacher dans les aspérités du bois et dans les détails qui y sont sculptés. Elle doit donner accès à un tiroir. À moins qu'il ne s'agisse d'un deuxième plateau qui coulisserait sous le premier. Je n'ai pas le temps d'en terminer avec ces hypothèses que mon sang ne fait qu'un tour :

– C'est pas vrai ! Non, je ne peux pas y croire. Nom de dieu, c'est pas possible. Ça ne peut pas être ça !

Frénétique, je m'élance à travers la pièce jusqu'au placard de l'entrée, en une glissade un peu gauche qui m'envoie dans le mur. J'y parviens et en extrais sans ménagement tout un fatras de bric et de broc. Puis je m'empare de ce petit coffret de métal qui abrite la photo que j'aime tant de mon père et de moi, face à la mer. Tremblant, j'en sors quelques courriers, deux ou trois papiers officiels. Puis elle se présente enfin à moi, perdue dans cette boîte de Pandore. Elle vient tout juste de s'imposer à ma mémoire. Elle m'avait interrogé mais j'avais fini par l'oublier : la clef de la crémation. Avec la même maladresse et le même empressement, je regagne le guéridon et ai toutes les peines du monde à ajuster la clef dans la cavité qu'elle est supposée épouser. Il suffirait que je me calme un peu, que je canalise ma gestuelle… mais rien à faire. L'excitation est trop grande. « Ch'clic », un cliquetis léger autorise mes doigts à tourner. Le meuble s'ouvre sur un deuxième plateau qui se déroule comme un tiroir à très faible profondeur. Une disquette s'y trouve et une carte de visite. Celle d'un notaire à Rouen, maître Dubois-Ranton, dont le nom m'est absolument inconnu. Noire, classique, la disquette n'affiche aucun intitulé. Une estafilade franche lui donne toutefois une identité bien singulière. En un éclair, je mets sous tension l'ordinateur de Bertrand et y insère la mystérieuse disquette. Deux fichiers y sont stockés. Leurs noms sont inintelligibles et n'annoncent rien de leurs possibles contenus. Un premier s'ouvre quasiment instantanément. Il s'agit d'un simple doc Excel organisé sous la forme d'un tableau. Pas de phrase mais des colonnes. De ligne en ligne, la nomenclature des informations est la même : une première colonne fait apparaître des prénoms ou des appellations parfois saugrenues, du type « Écoute ton père », « Dédé », « Vodka »... chaque appellation offre, dans une seconde colonne, une correspondance précise avec un patronyme réel et se voit adossée, dans une troisième colonne, à un montant fixé en dollars US. Une vingtaine de personnes figurent dans ce tableau. La consonance des noms indique la diversité des origines : des Français, des Israéliens, des Slaves, des Africains. En revanche, tout ce qui se prête à d'apparents sobriquets ou noms de code relève bien de la langue de Molière. Puis la lecture de ce listing s'arrête mécaniquement sur un nom qui m'est connu, un homme médiatique, que le grand public connaît pour ses accointances avec les plus hautes sphères politiques, dont il est un conseiller avisé et écouté. Son nom de code « J'arrête de fumer » indique une somme de 1 million de dollars américains. Un autre nom m'est familier mais je ne parviens à y associer ni un visage ni une fonction. Un industriel me semble-t-il. 700.000 dollars lui sont affectés. Je suis abasourdi. Mais ce n'est qu'un début. Je crois que mon cœur s'arrête littéralement de battre lorsqu'en fin de listing, lié au mot « Touareg » et à quelque 900.000 dollars, le nom de François Michel me terrasse. François Michel... Que fiche-t-il dans cette foutue liste ? Lui qui, je ne l'oublie pas, m'a mis sur la piste d'un père possiblement vivant et m'a encouragé à la suivre, en Argentine, sur les supposés dires d'un tiers ! Je reprends mes esprits, tâche de peser l'information et d'en ressortir une conclusion, un diagnostic, quelque chose. Le personnage de François qui cultive l'admiration d'autrui, à commencer par la mienne, avec ce profil de baroudeur, d'aventurier de tous déserts, cache peut-être un autre visage. Cette énumération de noms, de fric empeste la compromission. Et je me dis que le concours de circonstances qui eut permis à quelqu'un de tomber sur mon père au détour d'une gare routière d'Amérique du sud, relève du grand miracle ou de l'habile duperie. L'implication de François dans cette affaire, sa présence dans les colonnes du fichier Excel, milite davantage pour la machination et le calcul que pour l'intervention divine... C'est une évidence. Ma candeur, le manque de réflexion, de questionnement m'interpellent. Ils m'irritent et déjà je me les reproche avec insistance. Je suis parti à l'autre bout du monde. J'y ai embarqué Denis sans même m'interroger une seconde sur l'origine de l'information, sur l'outrance et l'improbabilité de ce prétendu hasard. Et si François avait compté sur moi pour retrouver mon père à ses propres fins ? Et si je n'avais été qu'un moyen dans tout ça, celui de débusquer Philippe Marin ?

Une chose est certaine, j'ai sans doute devant moi la révélation d'un vrai scandale d'État. Mon père a-t-il découvert le pot aux roses ou bien s'est-il lui-même compromis dans une affaire ? Le second fichier fait apparaître des noms d'entreprises ou d'organisations diverses. Elles sont huit et basées en France, en Ukraine, en Angola et aux Iles Vierges. Des chiffres barbares pourraient renseigner leurs références bancaires respectives. Hébété, je m'affaisse à nouveau dans le vieux clic-clac, presque transi par la découverte. C'est le moment que choisit Bertrand pour regagner le bercail. Immédiatement, il mesure que je fais face à quelque chose de grave, quelque chose de lourd. Incrédule devant l'écran, il parvient aux mêmes suppositions que moi. Sa transcription le montre toujours très fidèle à l'idée romanesque, presque chevaleresque, qu'il se faisait de mon père. Il me dit l'imaginer sans mal avoir su berner le filou ou l'escroc, s'être mouillé dans de sombres histoires, probablement, mais avoir finalement retourné à son profit, ou à celui des justes, des pratiques douteuses, fut-ce la méthode à la limite de la morale. Puis Bertrand s'interroge sur l'identité et le rôle de ce notaire. Déjà il voit les pétrodollars, les diamants d'Afrique ou d'occultes commissions soudainement changer ma condition. Quelle autre intention aurait pu pousser ton père à mettre un notaire dans la partie ? Il argumente, extrapole, me projette, nous projette.

– Mon gars, me dit-il fier de lui, je t'ai toujours

pronostiqué une pauvre Fiat Panda ou une Porsche Carrera rutilante, sans demi-mesure. Et bien, ce sera la Porsche ! Je te le dis, y a un magot planqué quelque part et qui n'attend plus que toi !

Je suis nerveux. Bertrand s'est plu pendant des jours à ironiser sur le potentiel de mon père à créer de nouvelles surprises. Intarissable, Bertrand a digressé sur ce pécule généreux et fantasmatique, gagné par des combines plus rocambolesques les unes que les autres, qui me mettrait à l'abri des préoccupations financières. Et pour le reste de mes jours. À dire vrai, je n'y crois pas mais reconnais, à force de boniments, entretenir une toute petite lueur, l'espoir d'une nouvelle enfin heureuse, de révélations testamentaires ou factuelles.

Quand j'entre dans l'étude baroque de maître « Dubois-Bidule », j'ai les mains moites et ressens de fortes douleurs dans le bas du dos, comme une sciatique. La crispation, le sentiment que quelque chose d'important va se jouer entre ces murs.

Une assistante, tirée à quatre épingles et chignon « old school », me conduit jusqu'au bureau d'un homme que j'aurais pu deviner notaire sans même le connaître. La cinquantaine, la bouche pincée de fines lèvres, la raie peu fantaisiste et la mèche tout aussi rigide que ses premiers mots :

– Monsieur Samuel Marin ?

– Oui, ravi.

– Ainsi, vous m'êtes envoyé par votre père, Philippe ?

– Si on peut dire… Mon père est mort il y a quelques semaines. J'ai trouvé votre carte de visite dans ses effets personnels. Alors j'ai pensé que...

– Mort ? Mais que s'est-il passé ?

– Vous semblez affecté. Vous parlez comme si vous étiez proches. Vous le connaissiez bien ?

– Quoique l'un et l'autre très différents, nous avons sympathisé à la fac de Villetaneuse dans les années 70. C'est dire que ça fait une éternité. Étudiant, il s'est beaucoup payé ma tête. Il me voyait Bon-Chic-Bon-Genre, coincé, rigoureux et travailleur. C'est vrai qu'il était mon contraire et ses moqueries nous ont finalement rapprochés. Et puis, au fil des ans, nous avons fait perdurer le contact mais ne nous voyions que très occasionnellement. Enfin, il y a quelques jours ou quelques semaines, j'ai reçu un coup de fil de sa part. Un peu énigmatique, je dois vous le concéder.

– Ça remonte à quand ?

– Quinze jours, peut-être trois semaines. Ce bref échange m'a d'ailleurs beaucoup préoccupé. Philippe a dit prévoir m'adresser des documents confidentiels à ouvrir en cas de malheur. Connaissant l'homme peu ordonné et peu soucieux des questions juridiques et administratives, j'ai vraiment craint qu'un péril ne le guette. Je n'avais malheureusement aucun moyen de prévenir quelque ennui que ce soit… Que s'est-il passé ?

Un accident ?

– C'est dire que vous avez des documents à me remettre ?

– Je crains qu'il ne me faille vous décevoir. Rien ne m'est parvenu. Inutile de vous dire que j'aurais aimé rendre service à Philippe, faire valoir ses dernières volontés, ses intentions testamentaires. Mais rien. Peut-être lui a-t-il manqué du temps pour préparer son courrier. Il avait des problèmes ? Répondez-moi de grâce, que s'est-il passé ?

– Ça fait des semaines que j'essaie de comprendre dans quoi il s'est fourré. Il s'est fait froidement abattre au sultanat d'Oman. Deux balles dans la poitrine.

– Mon dieu... abattre ? Deux balles dans la poitrine ? Sait-on qui a pu faire ça ?

– Du tout. Peut-être un règlement de compte. Nous étions très proches, très complices et pourtant j'ai l'impression aujourd'hui qu'il me reste tout à découvrir de mon père !

– En tous cas, soyez certain qu'il se préoccupait de vous, de votre avenir. Aussi rapide fut notre échange téléphonique, j'ai bien noté qu'il avait pris soin, à trois ou quatre reprises, d'insister sur son souci de vous protéger l'un et l'autre. Ça semblait tellement l'obséder que j'en ai déduit la rédaction prochaine d'un testament.

– Qu'avez-vous dit ? L'un et l'autre ?

– Oui, c'est ce que j'ai dit.

– Qui est « l'autre » auquel vous faites allusion ?

– Et bien, Ana. Ana et vous pardi.

– Ana ? Qui donc est cette Ana ?

– Jamais vous n'avez entendu parler d'une petite Ana, une petite fille qui vit à Mascate ? Peut-être nommiez-vous cette petite fille différemment ?

– Jamais, j'vous assure. Je ne connais aucune petite fille omanaise. Peut-être faites-vous allusion à Katura, une Africaine d'une dizaine d'années que mon père aurait prise sous son aile et médicalisée.

– Non, non, je parle d'Ana, omanaise et beaucoup plus jeune.

– Connais pas !

– Dans ce cas, je crains devoir vous livrer malgré moi une information compliquée à entendre. C'eût probablement été le souhait de Philippe.

– Je vous écoute.

– Il semble que vous ayez une très jeune sœur, d'à peine deux ans, au sultanat d'Oman. La façon dont Philippe l'a évoquée ne laisse aucune place au doute. Je crois qu'elle vit à Mascate. J'ignore tout de cette enfant, de son nom, de son visage, de sa maman, de son adresse. Mais son existence m'apparaît certaine. Si, je sais simplement que la maman est angolaise.

– Pas même un détail qui me permettrait de comprendre, d'en savoir plus, voire de retrouver la petite ?

– Rien vous dis-je. Rien. Je suis navré.

Philippe Marin, me dis-je en silence, qu'est-ce encore que ce plan merdique ? J'essaie de préserver une contenance qui ne laisse rien filtrer. Surtout pas la déception, la colère, la rancœur ou que sais-je encore. Je préfère faire diversion, sans aborder la découverte de la disquette et des fichiers. Peut-être par excès de méfiance. La nouvelle de l'existence de cette fillette est lourde à porter, surtout dans sa soudaineté. Quant au reste, l'excès de méfiance me musèle :

– Mon père a-t-il des dettes ? Le fisc ? Des banques ?

Maître « Dubois-Machin » est étonné. Je ne rebondis pas davantage sur sa révélation presque fortuite et m'attache à des considérations subalternes et bassement matérielles. Très vite, je mesure que malgré toute sa bonne volonté et le souvenir chaleureux que lui inspire mon père, le notaire, caricature aux traits mêlés bourgeois rouennais et d'homme de droit, ne m'apprendra rien de plus. Je prends donc congé. Le hasard me servant plutôt bien, l'étude de « maître Dubois-Truc » se trouve à quelques minutes à pied du studio de ce bon vieux Denis. Mon père avait gardé quelques attaches avec Rouen, sa ville de naissance tandis que Denis y vit aujourd'hui en raison d'un cursus universitaire suivi à la fac voisine de Mont-Saint-Aignan. L'opportunité est trop heureuse. J'ambitionne la visite surprise. La Rue des Bons-Enfants n'est pas bien loin. Et m'y rendre me permettra d'emprunter quelques rues étriquées du vieux Rouen. Les bâtisses parfois vieilles de 700 ans arborent de fiers colombages et semblent vouloir étreindre celles qui leur font face, parfois à une longueur de bras. La place du Vieux Marché exhibe l'endroit précis où Jeanne d'Arc aurait été brûlée vive. Ainsi, je laisse aller mes pensées en même temps que je flâne dans la cité aux cent clochers. Bien sûr, je ressasse les propos du notaire et bien sûr mon imagination se plaît à façonner le visage de la petite Ana. Si cette enfant existe, elle est peut-être un peu moi à la fois en arabe et en fille ? Parle-t-elle français ? Sait-elle qu'elle a un grand frère ? Se réjouirait-elle de l'apprendre ? Sait-elle seulement que son père est mort ? Je me pose des questions en pagaille. Je me rappelle avoir souhaité bien souvent célébrer l'arrivée d'un petit frère ou d'une petite sœur. Tous les enfants uniques ont voulu un jour, comme l'a chanté Le Forestier, partager les joies, diluer les peines. Moi, gamin, j'y ai pensé mille fois et mille fois j'en ai fait mon deuil. Et voilà qu'aujourd'hui, j'apprends qu'un petit bout, à six mille kilomètres de là, valide peut-être une fratrie à laquelle j'aspirais tant jadis ; un rêve que la différence d'âge autant que le contexte auront complètement dénaturé. Voilà la rue des Bons-Enfants. Denis habite au numéro 23, juste au-dessus d'un bar à putes. Le hasard a jeté mon Denis dans cette rue connue des Rouennais pour l'ardent travail de ces femmes dites de petite vertu. Son immeuble n'a pas gardé que le métier d'antan, le plus vieux du monde, il fait valoir les poutres apparentes d'époque, les murs dangereusement obliques, l'exiguïté des couloirs... Denis est au premier étage. Pas une seconde, il n'imagine que je peux débarquer ainsi. Le craquement des marches sous mon poids annonce de la visite aux résidents. Je frappe à la porte, mollement puis plus énergiquement. Pas de réponse. Pas un bruit qui pourrait trahir l'envie de ne pas ouvrir. Denis n'est pas là. Les trains pour Paris sont nombreux. Je peux me laisser quelques heures d'attente sans hypothéquer mon retour de ce soir. J'opte donc pour repasser plus tard et poursuivre ma promenade dans les rues de ce Rouen médiéval qu'il me plaît de visiter ou de revisiter. Je reprends mon pas sur cette fameuse rue des Bons-Enfants. À quelques mètres du 23, mon attention se fixe sur le kebab du quartier. Un boui-boui grec ou arabe, on finit par ne plus trop savoir. J'y vois une forme généreuse, faisant face à une large pita d'où dégorgent des frites anormalement brillante, des oignons, de lamelles de moutons, du ketchup en quantités exagérées. J'aurais presque pu visiter ce kebab avant l'appart' ! me dis-je amusé. Mon Denis s'y délecte d'un sandwich grec dont la sauce blanche lui maquille grossièrement la commissure des lèvres. Il m'aperçoit et ouvre de grands yeux. La surprise est grande mais elle ne suffit pas à le détacher réellement de son festin. Je m'approche et entends avec bonheur cette petite voix stridente :

– Putain, mais qu'est-ce que tu fous là ? Évidemment, avant d'aller plus loin dans l'échange, avant de s'enquérir de mes nouvelles et comme pour se mettre dans les meilleures dispositions, Denis avale une dernière bouchée puis me vante, en un argumentaire structuré, toute la qualité de ce grec qu'il malaxe goulûment de ses petits doigts boudinés, eux-mêmes ruisselants. Il m'invite à me sustenter aussi et se recommande un coca au passage. Il faut bien faire descendre tout ça... Je m'exécute et m'efforce d'amener mon propos aussi habilement que possible. Nous bavardons, évoquons nos quotidiens respectifs, les vieux copains, puis revenons sur toutes ces aventures que nous avons partagées, sur les visages que nous avons croisés, sur les émotions que nous avons rencontrées... Tout cela a su tisser bien plus qu'une complicité, qu'une amitié. Je me dis que décidément ce Denis est un peu le frère que je n'ai pas eu. Puis j'en viens à évoquer cette petite Ana. La nouvelle stupéfait Denis, qui pourtant a déjà tout connu, venant de mon père.

– Denis, lui dis-je très sérieux, j'ai bien réfléchi. Je reprends la route. Je repars à Oman trouver cette fillette. Si ça te dit...

– Quoi, tu repars ? Mais t'es même pas sûr qu'elle existe vraiment cette gamine.

– Au moins j'en aurai le cœur net.

– Je comprends, mais là c'est sans moi. Je ne te suis plus dans tes plans foireux. On sait quand on part mais on ne sait pas quand on revient. Et puis, si c'est pour se retrouver avec des terroristes au cul, non merci. Parce qu'on ne sait pas non plus en combien de morceaux on revient.

– Attends Denis, l'objet de la balade a changé. On va à Mascate, on voit si on trouve la petite et on se tire. Je te propose d'y consacrer une dizaine de jours, deux semaines tout au plus. Et mieux encore, j'ai une super idée pour le retour en France !

– Arrête tes conneries Sam. Je te vois venir. T'es déjà en train d'essayer de m'embobiner. Je suis des études ici, je ne peux pas tout planter.

– Te fous pas de moi. Tu sais que t'es pas dans la filière qui te convient. Tu sais aussi que tu seras certainement viré dans les deux mois. Sois franc, t'as assisté à combien d'heures de cours cette semaine ?

– Bon c'est vrai. C'est pas top pour le moment, mais j'avais l'intention de filer un gros coup de collier ces prochaines semaines !

– Ouais, c'est ça, garde l'argument pour ta mère.

– C'est quoi ton idée pour le retour.

– Écoute-moi bien, ce serait génial. On achète une bagnole, une vieille guimbarde et on la ramène à Paris.

– T'es sérieux, t'as vraiment étudié le truc ?

– Oui mon garçon. J'ai tout en tête. On met trois mille francs dans la caisse et on passe par l'Arabie Saoudite, la Jordanie, la Syrie, la Turquie, la Grèce et après… bah, après, on est arrivés.

– Ouais, on est arrivés, c'est ça... Sur le planisphère de mon agenda, il ne reste plus qu'un demi-pouce à parcourir ! Sympa ton idée. Mais je sais pertinemment que ça va être plus merdique que le projet que tu me vends maintenant. J'ai pas un flèche et si je dis à ma mère que je repars en vacances, je crois qu'elle me renie. À moins qu'elle ne me frappe !

– Attention Denis, c'est probablement notre dernière cartouche pour un plan pareil. On a l'âge pour ça. Et puis, pense que ça peut peut-être m'aider à trouver une petite sœur. Tu imagines un peu ce que ça représente pour moi. Et puis, la pauvre enfant... Doit-elle être privée plus longtemps d'un frangin pareil ?

– Tu voudrais partir quand ?

– Dans 2 mois, le temps de trouver un boulot à la con et de financer le truc. J'ai un plan pour vendre des retraites complémentaires par téléphone.

– Petra, c'est bien en Jordanie ?

– C'est ça mon Denis... Tu nous imagines à Petra tous les deux ? Puis à Alep. Imagine le grand périple. Il y a eu la « Croisière Jaune », la « Noire », la « Blanche ». Inventons la nôtre et roulons jusqu'à la Porte de Bercy ou la Porte d'Orléans par laquelle nous reviendrions en vainqueurs. T'en connais beaucoup des gens qui ont ramené une caisse du sultanat d'Oman ? Et puis, ça nous permettrait de revoir Nashwa et Pradeep.

– Tu m'emmerdes Samuel Marin. Mon instinct me commande de t'envoyer balader mais l'envie m'emmène déjà à Oman.

– T'inquiète. Je suis sûr que ça va être génial. Je ne sais pas moi... Dis à ta mère que c'est super formateur de traverser le Moyen Orient avec Samuel Marin. Dis-lui que ça vaut bien un cycle court.

– Et Solé ? C'est déjà oublié ?

– On s'est un peu accrochés au téléphone. Elle m'a dit que cette fois elle ne cautionnait pas l'idée d'un prochain départ. Elle me juge distant, au propre comme au figuré.

– Là t'es con ! Elle ne mérite pas ça. Mets toi un peu à sa place, t'es franchement casse-couilles comme petit-copain. Tu vis à l'autre bout de la planète. T'as pas un rond. Tu passes ton temps à chercher du monde, hier un père, aujourd'hui une sœur, demain un oncle, une grand-tante, un cochon-d'Inde...

– T'as sûrement raison mais on ne part pas longtemps. Et puis, si je démontre à Solé que j'ai trouvé une petite sœur toute mimi, je suis sûr qu'elle comprendra cette fois encore.

– Sam, c'est toi ma mauvaise influence. J'aurais peut-être été brillant à l'école, sérieux dans mes études et promis à une belle carrière si tu ne traînais pas dans ma vie depuis toutes ces années. Tu me gonfles. Cette fois, crois-moi, la raison doit l'emporter !

L'avion est sur le tarmac. Le vol pour Mascate est annoncé à l'heure.

Je suis heureux. J'aime les aéroports. Ils sont des temples multiculturels, des carrefours seuls capables de rappeler combien notre terre est petite. Comme un gosse, j'observe les allées et venues. Je me plais à supposer les destinations en fonction des tenues, des visages, des peaux, des bagages... Non pas seulement la destination d'ailleurs mais aussi la nature du voyage. Il m'apparaît chaque fois miraculeux de mesurer que tous ces gens qui vont et qui viennent dans ce terminal, se disperseront bientôt sous toutes les latitudes et en quelques heures à peine. Je consulte le tableau des départs. Les uns gagneront l'exubérance de Las Végas, les autres rattraperont la mousson à Hanoï. Ceux-ci s'envolent pour la lointaine Sidney tandis que ceux-là dormiront ce soir dans la moiteur de Delhi. Il y a l'homme d'affaires, équipé à minima. Les routards, chaussures de randonnée aux pieds. Le couple en noces, les yeux toujours plein d'étoiles. La famille, aux enfants agités et excités. Un même point de départ conduira tous ces passagers vers des destinées elles-mêmes si différentes, dans des environnements tellement contrastés. C'est magique. Un équipage passe devant moi ; le personnel navigant d'une compagnie asiatique manifestement. Il y a là les hôtesses, mais aussi le commandant de bord et son bras droit. Tous ignorent les frontières et les distances. Tous traînent leur « itinérance », cette même valise compacte noire à roulettes qui les accompagne aussi fidèle qu'une ombre. Ils portent fièrement l'uniforme, une tenue inspirée, classe, emblématique. La casquette et les galons sont l'apanage des pilotes. Ils suscitent l'envie, entretiennent le mythe, attirent le regard. Ils sont un statut auquel j'aurais volontiers souscrit si j'avais été brillant…

Une femme vient s'asseoir à mes côtés, sur une rangée de sièges que de froids accoudoirs séparent, interdisant par là-même de s'allonger. Elle doit être africaine. Le noir ébène de sa peau lui donne une présence magnifique. Grande et élégante, elle est un mélange d'une authenticité exotique et d'une sophistication douce, raffinée. D'un bon standing, sa tenue l'occidentalise sans toutefois renoncer au caractère de l'Afrique, qu'un parfum fort et musqué rehausse sans retenue. Il m'est impossible d'évaluer son âge. Les années n'ont pas eu le temps de creuser les sillons qui témoignent du passé. À moins qu'ils n'en aient tout simplement pas eu le temps. Parce que la force du regard s'impose comme un gage de maturité, le signe d'un vécu. Un sourire franc, d'une blancheur éclatante, s'offre à l'enfant qui l'accompagne, s'amuse et se cache dans le drapé du caftan. Voilà que la petite fille lève la tête, libérant un métissage et une physionomie qui m'électrocutent, me renvoyant au choc qui peut-être m'attend à Oman, avec cette possible demi-sœur de mère angolaise. Plusieurs fois, nos regards se croisent, furtivement, avant de replonger, gorgés de gêne, vers le sol. La fillette est belle. Sa peau est toute dorée. Des yeux gigantesques illuminent un visage qui n'a pas encore abandonné les rondeurs du poupon mais qui déjà annoncent un tempérament. Les lèvres et les cheveux sont une évocation des origines de la mère, dont l'accent et les pauses syllabiques ne me permettent pas d'identifier l'origine exacte. Le nez en trompette, quoique surplombant de généreuses narines, et les yeux clairs invoquent quant à eux l'Europe et plutôt l'Europe du Nord. Le cocktail, comme souvent avec la mixité raciale est réussi. Cette mère et sa fille sont peut-être une espèce de prémonition, une préparation. Elles me plongent dans l'histoire de mon père. Son passé mais aussi son « futur », d'une certaine façon, avec cette descendance clandestine promise à perpétuer sa trace en Arabie. Je m'apprête à retrouver la terre d'adoption de Philippe Marin où s'épanouit peut-être son deuxième fruit biologique.

Mon père était un atypique. J'ai dû composer, grandir avec ses failles, ses carences, ses manquements. Pourtant ni l'amertume, ni la rancœur ne sauraient entacher aujourd'hui l'estime que je lui porte, la fierté que je ressens pour lui. Malgré tout.

Partir ainsi, c'est un peu lui ressembler. Ce voyage ouvre les pages d'un nouveau livre. Mieux, il les écrira. Il porte en lui une quête qui dépasse la petite Ana. Rompre avec la vacuité. Gagner les grands espaces. S'affranchir des réalités de nos quotidiens pour découvrir d'autres vérités, ailleurs. Suivre à nouveau les chemins extravagants de mon père… Trouver les miens, peut-être… Rien ne me retenait ici. Mes liens sont nomades, mes envies aussi.

– Sam, tu rêves bordel ? On embarque !

Remerciements à

Monique Garnier
Huguette May

et
Philippe *pour ses précieux conseils.*

Éditions de Midi

Adressez vos manuscrits aux

Éditions de Midi

Service des manuscrits

14, rue Marcel Géré

41200 Villefranche-sur-Cher

FRANCE

www.editionsdemidi.fr

Imprimerie ICN
Zone industrielle des Saligues
64300 Orthez

Dépôt légal avril 2012

Imprimé en France